MICHEL TEMER
E O FASCISMO COMUM

copyright Tales Ab'Sáber
edição brasileira© Hedra 2018

primeira edição Primeira edição
edição Jorge Sallum
coedição Felipe Musetti
assistência editorial Luca Jinkings e Paulo H. Pompermaier
capa Ronaldo Alves
ISBN 97-885-7715-592-7
corpo editorial Adriano Scatolin,
Antonio Valverde,
Caio Gagliardi,
Jorge Sallum,
Oliver Tolle,
Renato Ambrosio,
Ricardo Musse,
Ricardo Valle,
Silvio Rosa Filho,
Tales Ab'Saber,
Tâmis Parron

Grafia atualizada segundo o Acordo Ortográfico da Língua
Portuguesa de 1990, em vigor no Brasil desde 2009.

Direitos reservados em língua
portuguesa somente para o Brasil

EDITORA HEDRA LTDA.
R. Fradique Coutinho, 1.139 (subsolo)
05416-011, São Paulo-SP, Brasil
Telefone/Fax +55 11 3097 8304

editora@hedra.com.br
www.hedra.com.br

Foi feito o depósito legal.

MICHEL TEMER E O FASCISMO COMUM

Tales Ab'Sáber

1ª edição

hedra

São Paulo_2018

▷ **Michel Temer e o fascismo comum** completa a trilogia em que Tales Ab'Sáber disseca os processos políticos que perpassaram os mandatos dos três últimos presidentes – Lula, Dilma Rousseff e Michel Temer, cada qual em um volume –, com enfoque sobretudo nas mentalidades alicerçadoras desses mesmos processos – a "gestão psíquica do poder". Nesta terceira publicação, o autor reflete sobre como a onda liberalizante de desmonte das conquistas sociais promovida pelo governo Temer está intimamente relacionada à promoção do ódio e da violência, um fascismo "comum", porque associado ao cotidiano e às práticas ordinárias, que entorpece a visão e cria uma paranoia macartista, onde os comunistas do passado são todos os que vão de encontro a esse liberalismo às avessas.

▷ **Tales Ab'Sáber**, psicanalista e ensaísta, é professor de Filosofia da Psicanálise da Universidade Federal de São Paulo (unifesp), autor de *Lulismo, carisma pop e cultura anticrítica*, *O sonhar restaurado: formas do sonhar em Bion, Winnicott e Freud* e *A música do tempo infinito*.

Sumário

Nota introdutória 9
Mediocridade, política e violência. 13
Ordem e violência no Brasil 29
Tradição da mentira tradição do ódio 39
Crise e alucinose, anticomunismo do nada 49
A extrema direita de hoje e o Brasil:
modos de usar 57
Democracia de extermínio?. 89
O Carnaval da Tortura 95
O Estado não está sendo favorável à vida no Brasil 101
Neofascismo e o cinema urgente brasileiro. 107
O tempo é mal e o país partido: estilhaços do Brasil 113
Um político preso, um preso político. 149
Fascismo comum, sonho e história 155
Sobre os textos 183

*Para Marília Velano,
trabalhadora do amor*

Nota introdutória

Este livro, que nunca deveria ter sido escrito se houvesse alguma razão melhor na história, é resultado de um processo que se impôs a mim e a muitos de nós. Meu projeto original, que deu início à série que se completa aqui, era o de escrever apenas sobre o ex-presidente Lula e a relação da personalidade do grande político com o poder tal qual ele o produziu, bem como levar a cabo a avaliação das contradições do que significou *um governo de esquerda de pleno mercado* no mundo contemporâneo.

Mas o processo acelerado de degradação da política e do quadro da democracia no Brasil – com a chegada por aqui da crise que derrubou os mercados mundiais a partir de 2008, e que levou, de modo atrasado pela alavancagem lulopetista descrita no primeiro livro da série, à derrubada do governo reeleito de Dilma Rousseff e ao governo de interesses à direita de Michel Temer no Brasil – tornou o projeto inicial uma parte menor de um estudo mais amplo sobre as condições de poder e crise contemporâneas, nas quais capitalismo e novas modalidades de fascismo estreitam vínculos novamente, em detrimento da própria dimensão da democracia, entre nós fraca, irônica e insólita. Contra meu desejo, e de todos com quem convivo felizmente, a história violenta e bárbara da própria ideia da política no presente acabou por tomar todo o plano do projeto, impondo-se como o problema real, não apenas deste livro, mas também dos outros dois que o antecederam, *Lulismo, carisma pop e cultura anticrítica* e *Dilma Rousseff e o ódio político*.

Este trabalho, ainda mais fortemente que os anteriores, foi escrito diretamente sobre o tempo aberto de um processo histórico em efetivo acontecimento, de modo que não há garantia sobre o valor mais constante daquilo que se buscou destacar aqui como marca significativa da história, no relato do processo de uma cultura política efetiva, que tem efeitos de choque sobre o autor. Por isso, diferentemente dos outros dois ensaios, este trabalho inclui alguns textos publicados previamente em revistas e periódicos durante o período da tomada do poder pela nova direita no Brasil, pós impeachment de Dilma Rousseff. Buscou-se assim acompanhar as inquietações e demandas muito presentes no próprio tempo vivido, da política expressa com forte intensidade na vida. Como grande parte da política relevante do período passou a ser feita na rua, ou na rua eletrônica da internet, com movimentos extremados de paixão à direita, era necessário marcar esta dimensão, muito importante, vida real da política que a história institucional e econômica das coisas do poder costuma frequentemente *esquecer*. Os escritos a que me refiro foram publicados em revistas do campo progressista, e não na grande imprensa…, revistas que configuraram um campo de opinião algo deslocado que acompanhou o espaço do avanço da miséria política e o aumento da violência na vida coletiva cotidiana brasileira.

Apresento também aqui um diário de notação e de espanto político sobre o processo de ocupação do espaço da cultura pela nova ordem excitada de paixão conservadora, com sua tendência à ação agressiva, à censura e à produção maciça de mentiras na internet. No tique taque do dia a dia, o íntimo e o histórico têm correspondência no processo de subjetivação, e de produção de um sujeito político, o que me interessa como escritor e como psicanalista. E apresento também, de início, para manter vivo um certo plano de investigação anteriormente estabelecido, um retrato do tipo de personagem e subjetividade política que Michel Temer representa no Brasil. Ou, dito de outro modo, que Brasil representa um personagem anódino, grave cínico, e, se é alguma liderança, liderança de que tipo de poder efetivo destas paragens?

Mas o foco central do trabalho é a avaliação da nova modalidade de ação política de ódio e de mentira, nova modalidade de fascismo brasileiro, que chamei de *comum* porque construído familiarmente na vida comum, no mundo da vida e nas relações de sociabilidade, e do qual estudei a sua convocação psíquica de massas. É o mundo de base do governo de todo poder ao Capital e da muito medíocre afirmação conservadora que tomou o Brasil a partir de maio de 2016, que aparece nestes escritos, espaço político de tendências autoritárias, neofascistas, ao modo *kitsch* local, que busquei caracterizar como um setor vital da nova direita brasileira. Mas não apenas, já que também esse é um estranho movimento mundial, no momento histórico da crise maior do poder e sua reprodução, que, tristemente, quase não pode mais ser pensado.

São Paulo, abril de 2018

Mediocridade, política e violência

Temer faz parte da estirpe dos homens medíocres do poder brasileiros. Nada nele é especial, fascinante ou criativo. Nada nele nunca surpreende, brilha ou dá esperança. Seu mundo é o dos gabinetes e dos acordos de bastidores. Não há nada a sonhar e nada a esperar a seu respeito. Seu universo de corpo e espírito, se podemos falar assim a seu respeito, é o mundo da infraestrutura da política, onde as decisões indizíveis são tomadas e os acordos das facções da política são feitos, entre os interesses que podem e os que não podem vir à luz do dia. Ainda, neste mundo são as mais tradicionais oligarquias políticas brasileiras, tradicionalmente fisiológicas, patrimonialistas e antissociais, meio modernizadas, que ele representa, e das quais se tornou um líder. Um líder vazio.

De fato, nunca imaginei perder algumas horas escrevendo sobre personagem tão destituído de graça, tão verdadeiramente anódino e desinteressante do ponto de vista humano, representante daquilo que, apesar do imenso poder institucional que opera, parece ser apenas o pior existente na política brasileira há muito e desde sempre. Um pior bastante comum, diga-se a seu favor. Eu nunca escreveria sobre um tal sujeito, se o Brasil não insistisse em produzir o impensável, em profundidade. O impensável conservador.

Temer é homem do controle das máquinas burocráticas de partido, dos almoços e dos tratos dos donos do poder entre si, os *ricos entre si*, como dizia Machado de Assis, mas de fato gente de uma riqueza nova e improdutiva, vida do poder que emergiu e se constituiu inteiramente, exclusivamente, por dentro da esfera interior da política. Da política compreendida por seu lado tendente ao orgânico, à maquinaria, à mecânica, de algum modo um mundo vedado à democracia, o *espaço da habitação coletiva e social* da política, que lhe é oposto. Ele viveu representando mesmo a parte submersa do iceberg, a face obscura da lua, os porões revestidos de veludo do poder, a arte política incógnita cuja grande face evita com satisfação toda expressão pública.

Homem de classe média conservadora paulistana, cujo horizonte é apenas a ascensão reprodutiva de todos os preconceitos fundamentais e da própria estrutura social pré-existente do poder, do poder como ele é, que se eleva socialmente pela política e que tem nela a sua vida mais ordinária, o seu estilo e o seu ganha pão, *que é muito mais ganho do que pão – o Brasil, o seu modo de comer, de dormir e de ganhar dinheiro*, como dizia Mário de Andrade – é o giro dos negócios, das decisões de Estado, do apoio e da sustentação política e da gestão de interesses privados no governo, que precisam de institucionalidade porosa para dar destino à essa gente e classe, o primitivo patrimonialismo sempre modernizado brasileiro, que este tipo de sujeito político, avesso a qualquer sonho ou desejo de transformação, incapaz de questionar o poder em qualquer nível, promove a cada segundo, a cada gesto, a cada prato que come, sono que dorme, sonho que tem e dinheiro que se deposita em suas contas. Enfim, a cada movimento que faz no mundo e na sua vida, privada pública, pública privada.

Homens, sem espírito, do poder como ele é. A mediocridade garantida da reprodução do Brasil como ele é, o mundo mítico teórico dos *donos do poder* de um Faoro, o homem sério que faz negócios no balcão que ocupa e vive de fato, fundamentalmente, para ascender *na firma*, e *na forma* Brasil, entre o partido e os amigos preferenciais nos negócios. Procurador, secretário de governo, deputado federal, vice-presidente, presidente, praticamente sem nunca ter vindo à praça pública expressar uma mísera ideia de comprometimento. Sempre indicado pelo alto, sempre alavancado para cima e sempre sustentando e articulando interesses dos que estão, como ele próprio, dentro do jogo, que só se expande como mesmo. Sempre representando praticamente nada na vida pública popular, na vida social, na imagem de um sonho de política e vida política nacional para fora das suas Câmaras e gabinetes.

Temer foi e é um lobista de partido, de negócios e da própria democracia, no sentido de que o lobista *vive* a política na interioridade privada dos interesses, nos lobbies dos hotéis, nas antessalas dos palácios, nas conversas a portas fechadas, nos clubes e nos restaurantes, entre iguais e poderes diretos, expandindo o poder como o bom negócio que ele é, para os de sempre, e como sempre. *As usual...* É a vida privada, quase interior, da economia que cruza o espaço da política neste tipo de homem. Jamais este tipo de ator do poder tem relação com algo da rua, do espaço *público social*, e ele é tão mais poderoso quanto mais ascende sem nunca ter precisado se relacionar com alguma imagem de algum povo que o comprometa, e algum desejo popular que o contamine em oposição ao jogo do poder.

Esse é o caso extremo de Temer, presidente do Brasil assim. Ele é o antipopulista brasileiro por excelência, o dono da estrutura, das regras do jogo, mas não da bola, o gerente avalista da negociação e o árbitro dos equilíbrios e dos repasses do próprio poder.

Ele representa a organicidade da política em si, responsável somente pela conservação e expansão do sempre o mesmo. Seu poder vem, e ainda é, da máquina orgânica e profundamente enraizada de seu partido nos municípios do Brasil, o partido único de oposição que emergiu da Ditadura, e herdou o poder de controle da política desde o interior do Brasil, construído mesmo quando era a única opção permitida de oposição política nos 21 anos de Ditadura Civil-Militar no Brasil, os anos de 1960 e 1970. Os vinte e um anos de reserva de mercado política para o MDB, depois PMDB, agora MDB novamente. Porque no Brasil quando um partido vai completamente à falência se troca o seu nome, mas não os seus homens. MDB, o partido que gira ao redor do próprio eixo, que apenas se expande, amplia os negócios e controla fortemente a expansão da democracia no Brasil. A força de Temer, um *insider* orgânico, que herdou o PMDB paulista após a morte de Quércia e a degradação política de Fleury, vem do enraizamento material da oligarquia política peemedebista em todo o Brasil, de municípios ao Congresso, herdada da própria administração da política feita na Ditadura Militar. É o passado incrustado no atual.

Porém, seria um exagero não digno do personagem delegar a Temer a primazia de tal mundo do poder sem imaginação, meramente reprodutivo de qualquer coisa que já exista. Principalmente do poder que já existe. São muitos os Michel Temer na política brasileira e eles existem há muito tempo. O conservadorismo orgânico, e antissocial, é uma norma de fundo, um baixo profundo que organiza toda a dança da política e da sociedade brasileira, praticamente um *significante mestre* de nossa vida política e social. Entre nós, é possível o descolamento de democracia e compromisso social; o Brasil se mantém um país muito difícil não por acaso. É imensa a tradição de uma fidalguia medíocre do nada brasileira – a *aristocracia do nada* de Paulo Emílio Salles Gomes – que se perde na noite negra de nossas *raízes,* fundada essencialmente na reprodução desejada da estrutura de poder e privilégios absolutos em relação ao destino de imensa, e inominável *como real* para este tipo de senhor, exploração do povo brasileiro.

A origem histórica desse conservadorismo está em usar e negar mesmo a simbolização, o registro problemático e o desejo necessário, de mudança, diante do corpo inteiramente expropriado do escravo negro brasileiro, fundo da ideia negociada futura de povo brasileiro. Daí nossa mentalidade fidalga de orientação direta para o poder colonial, escravista extrativista, expressa no conservadorismo saquarema do Império no século XIX, depois no conservadorismo positivista autoritário, que fundou a abstração da *ordem* como progresso, depois em nosso conservadorismo elitista de fazendeiros café com leite da República Velha paulista, depois em nossa direita liberal e dependente da modernização industrial multinacional dos anos 1950, e no choque da intervenção ideológica da direita grosseira da Guerra Fria mundial dos anos 1960 e, por fim, mas não por último, no homem médio remediado que nada quer senão privilégios de classe no Brasil de pouca transformação social, gerido subjetivamente em profundidade superficial pela indústria cultural pós-moderna. Todos eles, em vários momentos sociais da história brasileira, circuitos humanos e sociais reprodutivos, conservadores, que convivem sempre bem com violência, a exploração extremada e a escravidão nacionais. A falta de imaginação política, humana e social é de fato endêmica há muito em São Paulo, por exemplo, e é responsável por políticas e distorções do espaço democrático tão serias quanto pelos nomes muito rebaixados que sustenta no mundo: Jânio, Maluf, Alckmin, Kassab, Michel Temer... Trata-se de uma profunda e condescendente tradição brasileira da relação entre mediocridade e poder.

Mas Temer é ainda mais radical nesta ordem do império do mesmo do que seus pares de menos sucesso. Ele chegou à presidência de fato tendo toda uma carreira estruturada inteiramente por dentro do sistema de controle político dos partidos e "do partido" que controlou para os próprios interesses o processo da democratização pós-1985. Ele é, mais do que todos os outros, um homem cujo rosto mal conhece a luz da dinâmica do espaço público social, uma espécie de burocrata político que é uma garantia, que se alimenta do poder como ele é, alimentando-o também, em um único gesto. Um burocrata político, sem burocracia, apenas política, conservador e *garantista*, o homem certo para sustentar o negócio, controlar as listas de interesses, receber as demandas, encaminhar os poderes, fazer a coisa em si da política andar. Seu governo foi apenas uma encomenda.

Trata-se de uma potência real da política, cujo sentido é articular e dar vida aos desejos de poder, um articulador decoroso do vínculo capital política, controlador cordial de grandes bancadas de interesse. Um emissário, poderíamos dizer, força que faz atravessar todas as forças do desejo de poder em seu próprio corpo, da política, para comunicar e entregar o que se acertou. Mas, sem a liberdade erótica e a nobreza popular dos *exus*, de algum modo mais morto do que vivo, mais mecanicamente reprodutor do que espiritualmente implicado. O *mordomo* do poder, como o chiste o nomeou, que servilmente entrega o combinado, sempre tirando a própria parte. Vindo do fundo da estrutura do poder orgânico e organizado do capitalismo e da política brasileira, ele mal deixa entrever sua vida imaginativa, sua proposta de país, seu desejo de civilização, quando aparece no espaço público compartilhado. Sua voz melíflua, seu pernosticismo e suas mãos que giram sobre si mesmas, representando longos cálculos e negociações de velhos espertos, de fato não falam nada. Uma flor nascida no pântano da riqueza brasileira, nos porões dos negócios e interesses, que mal sabe ver e suportar a luz do dia do espaço turbulento dos interesses populares e sociais. Um *vampiro*, vai dizer sobre ele a imaginação popular, tentando dar figurabilidade para a complexidade ctônica dessa flor dos porões da política e do poder, da estufa sem o sol da esperança social, que, não se sabe bem como isso se tornou possível, chegou ao poder nacional ao seu próprio modo.

Desta forma, o governo Temer foi exatamente o que se podia esperar dele. Duro contra os interesses do trabalho no Brasil, cioso do poder concentrado nas intervenções que fez no espaço político social brasileiro – nos ataques aos institutos de representação de minorias e direitos humanos, na mudança simplificadora das diretrizes da educação, feitas da noite para o dia sem satisfação a nenhuma instância implicada, como se democracia fosse isso, na apoteose degradante da militarização da crise social que a crise política radical que o levou ao poder produziu no Brasil em 2017 e 2018 – bem autoritário na política quando expressa nas ruas contra sua legitimidade discutível, e muito comprometido com a blindagem da espetacular máquina de corrupção, utilizada estrategicamente como política para levá-lo ao poder, mas que não poderia ser de nenhum modo cobrada, ou imputada, o seu esquema e partido universal da política brasileira. Mas, é preciso admitir, todas estas ações fortes de uso e de gosto do poder sempre foram feitas com a voz tênue e contida de quem comunica verdades óbvias e evidentes, truísmos assustadoramente medíocres, já decididos há muito nos arcanos conservadores do poder brasileiro e fugindo assim do conflito que de fato instaurava.

Seu governo, apesar da figura, conseguiu dar um ponto de gestão neoliberal da economia que espantou o mundo econômico existente – e que fala fortemente da ruína política em que a esquerda nacional institucional se metera, a sua impotência –, invenção que recebeu explícitas ressalvas de economistas em todo o mundo, de ganhadores de Prêmios Nobel, como Krugman e Stiglitz, até o setor da ONU de avaliação das políticas econômicas de países e de regiões: ele congelou a estrutura do orçamento dos gastos sociais do país, por vinte anos... O Brasil não pode mais encaminhar dinheiro público para a Educação, por exemplo, sem dizer precisamente qual rubrica do orçamento deve ser reduzida. Esta grande contribuição ao controle dos mercados financeiros sobre o país que agora se inscrevia em lei, inexistente em qualquer outro lugar, foi uma de suas primeiras ações, só antecedida em velocidade e desembaraço pela mudança, quase imediata após a sua tomada do poder, da legislação de exploração dos campos de petróleo do pré-sal brasileiro, atendendo aos interesses das grandes empresas mundiais do setor...

Já para o Capital e os interesses da exploração cotidiana local, sua principal obra foi a destruição das leis trabalhistas brasileiras, de fato o grande interesse do movimento social empresarial que o levou ao poder. No final de 2017 – Temer assumiu em maio de 2016 – as leis reguladoras dos direitos do trabalho vigentes desde 1943 se transformaram drasticamente e praticamente viraram pó. Complementando a vitória da lógica da terceirização total, conquistada em uma ação de velocidade extrema da direita organizada pelas eleições no início de 2015 – e pelo capo de máquina política fisiológica, Eduardo Cunha, parceiro de Temer, até ser preso por revelação de suas contas milionárias na Suiça, como resultado de sua política temerária de abertura do processo de impeachment contra Dilma Rousseff – a nova legislação do trabalho no Brasil determinava radicalmente que os *acordos* entre as empresas e os trabalhadores podiam a partir daí *se sobrepor e ter plena vigência* sobre a Consolidação das Leis Trabalhistas, nossa legislação trabalhista moderna.

Instituiu-se a nova modalidade do trabalho intermitente, contratado e pago por fragmentos da jornada de trabalho, apenas por horas trabalhadas... Esvaziou-se a força dos sindicatos e passou-se a fazer exigências financeiras para os trabalhadores acessarem a justiça do trabalho... Tornou-se possível a extensão de um contrato temporário de trabalho por 9 meses... – e neste ponto podemos observar o funcionamento da *novalíngua* do poder brasileiro, típica da época, que diz e desdiz, mas diz e, principalmente, faz o que quer.., assim a legislação sobre o trabalho temporário estabelece que "ele não pode exceder três meses", mas, *há previsão para prorro-*

gação de até 180 dias, e, ainda *por mais 90 dias, se comprovada a manutenção das condições que levaram à contratação temporária...* resultado: uma condição de trabalho que não pode exceder três meses pode durar 270 dias... Do mesmo modo que a CLT continua vigente mesmo quando o empresariado pode impor qualquer acordo que a negue... É o mundo político escorregadio das ações de força, mas sob o signo de uma ilegitimidade mais ampla, dos poderes que chegaram ao governo após a derrubada da presidente Dilma Rousseff.

O governo Temer também foi um poderoso espaço instituído de facilitação de interesses diretos de grandes setores, empresas e forças econômicas junto ao Estado brasileiro. Os negócios, típicos dos bastidores do poder, da venda e compra de interesses, próprios da política patrimonialista conservadora brasileira que se tornou una com as grandes corporações econômicas no sistema geral da política alienada, chegavam, com aquele homem no poder, à ação muito visível da própria Presidência da República. O presidente cedia, sem explicações, de tempos em tempos, grandes nacos da coisa pública a algum grupo de poder econômico, interno ou externo ao país. A principal destas concessões foi, como já disse, a imediata alteração das regras de participação da Petrobras na exploração dos campos de petróleo do pré-sal e sua abertura para a posse de grupos estrangeiros, realizada muito rapidamente, em tramitação quase de urgência, embora não se saiba urgência de quem, logo após a tomada do poder, ainda em 2016, pelo novo velho grupo.

Era o jogo mesquinho de ataque direto ao Estado e ao público, uma espécie avançada de rodada de capitalismo de nova acumulação primitiva, com venda direta e privada de controles e espaços públicos no Brasil, que a chegada ao poder de um grupo de força privada por fora da política do voto, com a derrubada discutível da presidente eleita, permitia em grande escala aos vencedores. Neste mundo explícito da tomada econômica direta do país, interesses de caráter coletivo, social ou comum não faziam parte de nenhuma pauta governamental.

A desfaçatez irresponsável com interesses sociais e da vida da pobreza no Brasil, sacrificados diretamente ao grande lucro, chegou ao auge em dois casos muito escandalosos, grandiosos, cuja repercussão negativa foi simplesmente mundial – como já havia sido o congelamento do orçamento nacional por 20 anos… – fazendo o governo de controle direto de interesses econômicos do Brasil ter que recuar – mais uma vez *pela ação da lei inglesa nos mares internacionais do Brasil…* –, ter que simplesmente voltar atrás, o que o presidente fez com a pura máscara da cara de pau, como lhe era típico, desfazendo de um dia para o outro as ações tidas por decididas, como se nada nunca tivesse ocorrido. Era um governo que checava as forças políticas de ganho e interesse diretamente frente aos atos decididos de apropriação, orientados para o lucro de alguém ou algum setor – como o seu ministro da Secretaria de Governo, e articulador político, Geddel Vieira Lima, tentando liberar um prédio de alto luxo, no qual era proprietário, em área importante tombada e preservada de patrimônio nacional pelo IPHAN em Salvador, na Bahia… pouco mais tarde, o mesmo homem de confiança do presidente foi preso por manter 51 milhões de reais em notas de dinheiro, "sem origem", em um apartamento vazio…

Essas ações predatórias de grandes interesses econômicos, que encontravam muita facilidade no governo de direita do Brasil pós-impeachment, encontraram um limite em um processo de opinião pública mundial e de interesses humanos mais amplos do que a perspectiva míope da máxima vantagem em mínimo espaço de tempo que governava o país. Uma dessas decisões desastradas do sistema da cobiça sem controle social do governo pós-impeachment, que durou uma semana, e foi derrubada por um forte movimento mundial movido por artistas pop, de recriminação intensa e denuncia generalizada do governo brasileiro, foi a liberação da Reserva Nacional Ambiental de Cobre e seus Associados, na Amazônia, área que contemplava outras nove reservas naturais e indígenas – onde habita o povo Wajpi, por exemplo – para a plena exploração comercial de minérios, ao que tudo indica, capitaneada e desejada por uma empresa canadense gigante do setor.

A segunda ação, ainda mais lesiva a interesses coletivos, sociais e dos pobres, foi a tentativa do Ministério do Trabalho, do ministro político Ronaldo Nogueira, de descaracterizar a ideia e de dificultar fortemente a fiscalização do *trabalho análogo à escravidão* nas fazendas do agronegócio do Brasil. Com uma portaria simples, o Ministério do Trabalho de Temer destruía vinte anos de política de combate ao trabalho escravo no país, em consonância com as determinações internacionais a respeito. Desta vez foi o mundo político, da onu à União Europeia, que estranhou a degradação social e política promovida no Brasil pelo governo que emergiu vitorioso das cinzas do impeachment de Dilma Rousseff. E o episódio é também muito expressivo e claro sobre o prestígio dos Direitos Humanos universais para o governo de Michel Temer.

Não foi de nenhum modo por acaso, portanto, que, após alcançar um novo e gritante recorde de desemprego, depois dos anos de pleno emprego dos governos petistas – recorde fixado agora, com o aprofundamento da crise econômica associada ao aprofundamento da crise política, em cerca 12,5 milhões de pessoas, em 12%, mais os 4,5 milhões que desistiram de procurar trabalho segundo o IBGE, taxa antissocial que, segundo a avalição de muitos, permanecerá neste patamar ao menos até 2019 quando o governo, dito "golpista" por aí, deve finalmente deixar o poder – que, tudo sendo do modo que foi, uma farra de interesses antissociais no poder, no carnaval de 2018 a expressão popular do desfile da escola de samba Paraíso do Tuiuti tenha tido um imenso e justo impacto sobre a consciência de todo país, cuja opinião geral era até então artificialmente contida pelo controle da avaliação do governo pelos próprios interesses, homens e meios que o produziram. Um desfile de carnaval histórico, sobre o degradado Brasil pós impeachment, do Rio de Janeiro para o mundo, cujo ápice foi o carro alegórico final, em que todas as formas de exploração e violência econômica sobre o povo brasileiro foram representadas, e que se completava com a alegoria da figura no topo e no centro, caracterizando explicitamente o presidente do Brasil, que portava a faixa presidencial, o terno e o cabelo que se confundia com chifres…, a alegoria nomeada pela imaginação carnavalesca como "Vampiro do povo brasileiro". Estava celebrada, no próprio período, a avaliação popular do sentido do golpe que Capital, política e espírito conservador produziram no país em 2015 e 2016. Um governo muito difícil para a vida popular e em grande parte fracassado em recuperar o país da própria violência que o levou ao poder.

Por tudo isso, é evidente que a chegada de um tipo político como Michel Temer ao governo, em um país com as contradições e desafios do Brasil, não pode se explicar de nenhum modo pela força caraterística produtora de poder *do próprio homem* e personagem histórico. De fato, Temer no máximo significava uma garantia de continuidade e de luta ranhida pela impunidade de seu grupo político de apoio e homens próximos. Assim mesmo muitos foram parar na cadeia. E, mais importante, uma garantia de grande liberdade e conivência para as ações de poderes econômicos que buscavam redesenhar o espaço social do Brasil através de seu governo. Um *garantista* da reprodução do poder, acostumado há muito tempo, como seu partido, com o grande negócio do Brasil. Mas, como homem que nada diz sobre nada que importe sobre a vida, a história e o destino do país, ele não chegaria ao poder por seus méritos e força.

Ele é apenas o resultado, desencantado e medíocre, do pacto social e dos amplos grupos de interesse que se articularam ao redor de seu governo de transição capitalista, após a liquidação política e judicial da esquerda no Brasil. Ele é a face sem força civilizatória de um movimento *de todo poder ao poder*, que de fato não sabe enunciar nenhuma civilização que não seja continuar os termos da acumulação, fixada a priori como a norma de tudo que há a fazer na vida e no país. Temer era o fantoche conservador e decoroso, mediador, do novo estágio mais avançado e envenenado do neoliberalismo no Brasil. Para levá-lo, por acaso, ao poder, o movimento social de múltiplos grupos à direita conseguiu uma união inédita na democracia brasileira, que não foi feita em seu nome, mas estritamente para a derrubada e descaracterização da história recente dos bem sucedidos governos de esquerda entre nós.

Mercado financeiro, indústria nacional que rompia os tratos com o governo desenvolvimentista petista, grande mídia pautada por grandes interesses econômicos e seus próprios donos, judicialização antipetista com práticas jurídicas exclusivas e um imenso movimento, multifacetado, de ação de uma nova simbólica de direita, tendente à violência, nas ruas do Brasil, alinhados em um projeto de retomada de alguma cultura conservadora, como real cortina para a retomada dos interesses diretos dos capitais brasileiros do governo, sua nova possessão histórica, foram os verdadeiros agentes da chegada ao poder de um homem tão anódino, desinteressante e inexpressivo, a respeito do país e da vida, quanto era também o próprio movimento social que o investiu.

O resto final de sua política de facilitação de tudo que é poder – afora a continuidade espetacular das denúncias de corrupção sobre seu partido e ele próprio, que o levou a comprar o congresso por duas vezes no período para impedir o avanço legal da devassa sobre seus negócios, e de seu secretário político preso, com grandes corporações como o grupo JBS do agronegócio brasileiro, ou seu tradicional polo de financiamento em empresas atuantes no porto de Santos… – foi a real cultura agressiva, antissocial e antidemocrática, o uso instrumentalizado do ódio na política, do qual o grupo que o levou ao poder utilizou em excesso durante todo o processo da guinada do governo brasileiro à direita nos anos de 2016, 2017 e 2018.

Temer é o produto da ação de grupos de poder, coletivos de interesse, ele é apenas um membro de sua própria *horda*, e dentre aqueles grupos está o dos novos autoritários brasileiros, que, produzindo real política paranoica antiesquerda nas ruas, mantiveram constante a degradação do espaço público nacional durante todo período de seu governo.

Grupos agressivos, conhecidos produtores de mentira pública, capazes de projetar violência política sobre tudo o que não seja a plena liberdade para o Capital brasileiro tomar suas plenas decisões sobre os destinos do país no poder, agora sem crítica nem controle. Este caldo de cultura grupal, movido a uma epidemia de mentiras públicas, *fake news* e ações de constrangimento constante nas ruas, foi mesmo a real face pública do governo de Michel Temer, sempre incapaz de, por ele mesmo, balbuciar qualquer coisa rica sobre a vida brasileira.

Esta cultura política regredida, estúpida e violenta das novas direitas, produtoras de máquinas de mentira e ativas na busca de cerceamento de direitos na vida brasileira, estabeleceu o fundo da consciência degradada para as duas maiores catástrofes políticas do período do neogolpe da democracia brasileira: a inacreditável ascensão política do fascista tupiniquim, muito ignorante e violento, Jair Bolsonaro, com seus apoiadores, verdadeiros fanáticos da burrice histórica e da estupidez anti-humanista, e a trágica e irresponsável intervenção federal militar no Estado do Rio de Janeiro.

Temer, o vampiro, também quer dizer esta tendência de rebaixamento da política e do poder à violência, que tomou o país durante seu breve, instável e malfadado reinado.

Ordem e violência no Brasil

Existe no Brasil uma ideia muito própria de *ordem*. Esta noção, *vaga mas ativa, indefinida mas muito afirmativa*, é usada em momentos estratégicos por homens de Estado, está presente no horizonte do discurso conservador nacional e na sustentação das ações policiais mais duras, em geral de impacto social muito violento. Na estranha *ordem e progresso* brasileira, o peso autoritário e fantasmagórico da noção de *ordem* vem sempre primeiro. Ela antecede o progresso – seja lá o que se conceba por tal, democracia ou integração social – e parece pairar solitária, mas sem conceito, antes e acima de algum processo histórico e real concebível.

E como parte deste sortilégio, nunca se deve perguntar de onde, ou de quem, emana a ordem do impensável chamado à *ordem* brasileiro. Não se deve perguntar que ordem, ordem de quê, para quê ou para quem. O polo abstrato de onde emana a ordem está sempre distante de qualquer vida social concreta – a metrópole, o rei, o capital multinacional? Dependendo do ponto de vista pelo qual chequemos esta noção, pelo qual pensemos sua constelação imaginária e simbólica, tão radical, ela pode até mesmo se colocar claramente em oposição à ideia moderna de lei – entendida como alguma norma racional pactada política e socialmente por uma sociedade e uma nação, e também, em nível mais amplo, entre as nações. É possível e provável, e os exemplos são inúmeros, que no Brasil tenha se constituído um verdadeiro campo político, e psíquico, de uma ação pela *ordem* que não corresponda aos direitos universais, relativos à história do processo normativo e político ocidental, os mesmos que, para estar inserido, o país também professa; e, até mesmo, em um grau ainda mais fantástico, é possível que tal chamado à ordem não corresponda ao próprio campo e estrutura das próprias leis, mais ou menos racionais, mais ou menos sociais, vigentes no próprio país. O imperativo de nossa ordem, dado de força direto sobre toda matéria social e histórica sempre frágil, não tem nenhuma correspondência com o famoso imperativo categórico de Kant, onde é a razão autossustentável e universalmente reconhecível, entre nós apenas mais uma das miríades de ideias que não correspondem à coisa que de fato se expressa.

O principal agente social *desta ordem acima da lei*, que recebe dela o seu mandato não escrito, e goza do privilégio de ser sujeito deste desejo social fantasmático, é a polícia, ou, melhor dizendo, *as várias polícias*, reais ou imaginárias, existentes no país. E, ainda, durante os períodos de exceção ditatoriais brasileiros o aspecto policialesco para dentro foi também realizado pelas próprias forças armadas – e aqui seria mais preciso dizer os períodos de *mais exceção* brasileiros... da origem militar positivista da República, passando pelo pacto senhoril antidemocrático da primeira República paulista mineira, pela ditadura de 1937-1945 e pela grande ditadura de 1964-1985, se não incluirmos aí a aberta política de ilegalidades consentidas a respeito da escravidão, do Império. Nestes momentos o povo e as dinâmicas sociais nacionais, sem leitura em um quadro simbólico de legitimidade moderna do conflito de classes, são *o verdadeiro inimigo*, contra quem deve se levantar a *ordem* mais radical, legitimadora de toda exceção, a começar pelo direito à tortura e ao assassinato, e o exército e as forças armadas apenas se confundem com a longa tradição da polícia discricionária brasileira, das milícias dos "capitães de assalto" da Colônia – origem dos capitães do mato negreiros "de tão tenebrosa memória", nas palavras de Caio Prado Jr. –, até os *soldados amarelos* e os delegados torturadores varguistas, à escuderia Le Cocq dos agentes matadores da polícia ditatorial dos anos 1970, chegando à atual polícia moderna, equipada e assassina, que se espalha pelo país, tolerada com toda complacência e cumplicidade.

Não há dúvida de que uma ação política tão especial, e seu desenho profundo dos sujeitos da experiência pública, como é a noção de ordem por tantas vezes acionada no campo conservador brasileiro, deve ter uma longa e profunda história, e também uma própria genealogia. O quadro original de mentalidades e o estatuto de capitalismo mercantil, colônia de plena exploração sob o foco de uma monarquia absoluta católica e transoceânica, com estrutura econômica e social escravista e de latifúndio, que perdurou no Brasil por longos 300 anos, e mais o século da variação Imperial nacional dos mesmos temas – nos mesmos 400 anos da emergência da revolução do capitalismo liberal industrial na Europa, e no século XIX, nos Estados Unidos – é importante para a situação desta natureza de ordem autoritária, anti-humanista, e sua estranha relação com a própria lei.

Sérgio Buarque de Holanda recorda, por exemplo, que embora houvesse alguma regulação de direitos a respeito da vida e da morte de escravos, e mesmo de agregados, no rarefeito espaço jurídico e público colonial, de fato, e de direito, as decisões a respeito destes objetos se davam amplamente no âmbito mais estrito da porta da fazenda para dentro, e o legislador e executor destas penas, que da mutilação levavam muitas vezes à morte, era o senhor – pelo braço servil de seus capatazes, muitas vezes negros – sujeito real de um poder absoluto sobre as suas posses, poder de reais contornos sadianos. Nesta dimensão muito ampla das coisas brasileiras, concentração absoluta de poder pessoal dos senhores – em correspondência à metrópole e ao seu rei católico – anti-humanismo escravocrata, capricho particular e sadismo pessoal e subjetivo faziam as vezes da lei pública que não devia atravessar a esfera primeira do domínio pessoal sobre a própria propriedade. Este poder arbitrário extremo, dominação não inscrita em um código, de vida e de morte, sobre o corpo negro e trabalhador, mantinha antigos traços do tipo de domínio sobre o homem fixado à terra europeu, de estrutura feudal, mas já estava alavancado em um horizonte de um liberalismo radical, de valor prioritário da propriedade, e do proprietário, em que, em escala titânica, se explorava e se produzia para o mercado mundial do tempo.

Estes homens eram ainda, em mentalidade, senhores do tipo antigo europeu – para quem toda mobilidade social de massas era apenas rigidamente inconcebível – e eram também modernos, na medida da busca da produtividade da exploração sobre o corpo em parte descartável de seu escravo, produtividade orientada para o mercado mundial no qual estavam inseridos. Verdadeiros *donos* da *mercadoria bem de produção* do *corpo do escravo*, na esfera da posse patriarcal da grande terra, tais senhores eram os enunciadores da *ordem* que emanava de seu próprio corpo sobre o outro e sobre tudo mais em suas possessões, desconhecendo os pactos frágeis da lei externa colonial, lei que também desconhecia, por princípio de ordem, mesmo que buscasse alguma regulação, a natureza das violências decididas nas fazendas distantes do Brasil.

Uma obra moderna sobre esta mesma *ordem* subjetiva, como *São Bernardo* de Graciliano Ramos, de 1934, nos dá ainda na primeira metade do século xx um estudo de tal mentalidade, que perdurava, e de tal uso do espaço da propriedade para a real ordem do dono, avesso à lei distante, mais própria de uma burguesia emergente que também não se diferenciava suficientemente, nem psiquicamente, nem produtivamente, de tal legítimo *dono do poder* fundado na escravidão e no racismo brasileiros.

E, no ano de 2014, de fato, foram assassinados no Brasil pelo menos 34 assentados, trabalhadores sem terra, sindicalistas rurais, lideranças e membros de comunidades rurais, no Mato Grosso, no Pará, em Tocantins, no Maranhão…, em crimes que não costumam ser investigados nem resolvidos por polícia alguma, nem justiça. Em 2013, foram 36 mortes violentas no campo, em 2012, 36, em 2011, 29, em 2010, 34… de modo que 1720 pessoas foram mortas em 25 anos, com a vexatória média, bem brasileira, de 1 condenado pela justiça para cada 17 mortos cidadãos brasileiros do campo.

É certo que, noutra direção, importa muito para o sentido da *ordem* brasileira o fato histórico da não observação por parte da elite Imperial do século xix da lei que proibiu o tráfico de escravos, que definiu as posições públicas dos senhores brasileiros *a favor da transgressão sistemática de suas próprias leis*, em postura e prática perversas que foram centrais ao espaço jurídico do Império brasileiro. Após o estabelecimento da lei de 7 de novembro de 1831, 750 mil escravos entraram no país, *mercadoria ilegal tolerada por um Estado de exceção generalizada*, para mover a produção e a riqueza da nação, até a final abolição formal da escravidão brasileira em 1888. Deste modo, nossa elite imperial cindiu a sua *ordem* econômica e simbólica da própria lei estabelecida por ela mesma, transformando o espaço público nacional em uma espécie original de *ordem pirata*, criando no processo um estatuto único de *irrealidade da lei*.

Não por acaso, na época, a partir de 1845, quem fazia observar a *lei* local eram as canhoneiras inglesas, afundando navios negreiros brasileiros na costa do Brasil, assumindo o papel de polícia internacional dos próprios interesses, diante de um país escravista marginal, o Brasil. A polícia mundial da marinha inglesa punha ordem na desordem escravista local, que inventava sua nova *ordem* de irrealidade da lei no país moderno/arcaico americano. E foi exatamente a mesma estrutura de *lei exterior* ao país, que se desrealiza internamente, que obrigou o governo brasileiro a produzir a sua frágil reparação e julgamento dos agentes de Estado torturadores e assassinos da Ditadura de 1964, no apagar das luzes do governo Lula: o Brasil foi condenado no Tribunal Interamericano de Direitos Humanos, e obrigado, de novo desde fora, a finalmente cumprir as leis que professava.

O estado de exceção brasileiro do século XIX era uma ordem que isolava mesmo *a totalidade da lei geral*, e foi esta exata ordem que completou a *forma* do nosso famoso sujeito volúvel, a elite brasileira, extremamente violenta e fundamentalmente cínica, ainda que moderna, bem descrita formalmente por Machado de Assis, a partir de 1880, e estudada por Roberto Schwarz, a partir de 1964. Para alguns historiadores, como Luiz Felipe de Alencastro e Sidney Chalhoub, esta *grande recusa* em aceitar a própria lei, no caso da proibição não reconhecida do tráfico negreiro, é de fato a organização histórica que deu origem ao cinismo e à dissolução da relação subjetiva com a lei, o "pecado original", sempre antissocial, tão próprio da elite dirigente brasileira e sua ordem, interna e externa.

Também Antonio Candido observou que era de fato apenas a polícia, o major Vidigal – um Capitão Nascimento do tempo? – que balizava e tencionava o movimento entre o espaço da ordem e o da desordem na representação social do Brasil dada na forma de *Memórias de um Sargento de Milícias* (1852), que dava uma imagem dialética da vida brasileira entre a década de 1850 e as suas origens, desde a chegada da corte em 1808, no Rio de Janeiro. Bem ou mal, no caso do livro, os emissários da ordenação social, da integração pública no espaço social regulado pelo Estado, não eram, de nenhum modo, funcionários públicos ou burocracia, instituições, dinâmicas sociais, políticas de governo, mas, simplesmente, de modo radical, apenas o prosaico agente policial da cidade, que perseguia capoeiras, feiticeiros e festas; negros. O major parecia ser o único representante do espaço do Estado sobre o mundo da vida nas origens nacionais.

E seria assim que se manteria o lugar da representação policial na sociedade tensionada, mas sempre atrasada no ganho social, até *Deus e o Diabo na Terra do Sol*, em 1964, em que o mercenário e assassino Antônio das Mortes realizava exatamente a mesma função social do major Vidigal, em um quadro de exigências sociais novas desconhecidas do país. E também, em uma imagem ainda mais clara, porque documental, com o exército transformado em *milícias de capitães de assalto*, verdadeiros capitães do mato, para perseguir e prender camponeses que demandavam direitos, no exemplar e perfeito *Cabra Marcado para Morrer*, de 1984, filme que, nas origens da redemocratização, *falava das próprias origens da democracia enraizadas na Ditadura de 1964*.

De fato, do ponto de vista desta longa experiência política, estética e formal, *polícia no Brasil parece sempre ter sido "departamento de ordem política e social",* antes mesmo da existência de qualquer estrutura de ação social e de desenvolvimento de um Estado burocrático moderno, interessado ou não na integração e no resgate do déficit social brasileiro. É aí mesmo que se situa o pacto policial da ordem fixada *sem desenvolvimento social*, marco primeiro da civilização local, própria da elite autoritária brasileira, que informa a dimensão não regulada por nenhuma lei de nossa polícia.

Caio Prado Jr. nos lembra ainda que, durante a Colônia, o mínimo e primeiro agente público que intervinha nas necessidades citadinas e cotidianas do mundo da vida era um verdadeiro derivado improvisado dos corpos militares das *ordenanças* portuguesas – a terceira força militar colonial, após as tropas de linha e as milícias. Antes de ser um agente público, ou um funcionário, o colono português, que sustentava o seu próprio interesse em qualquer ato público que realizasse, era originalmente e principalmente um *capitão--mor*, ou um *sargento-mor* de um *corpo de ordenança*. Ou seja, o protofuncionário público brasileiro foi, antes de tudo, um militar, ou um policial... Um policial da ordem colonial escravista.

Esta fantasmagoria imensa de nosso passado policialesco autoritário e particularista não é massa morta de referências esquecidas. Ela é matéria viva, campo dialético negativo, algo presente, não ultrapassado, mesmo que modernizado. Sem o entendimento desta história é difícil explicar como o avanço de nossa democracia fantasmagórica, e parasita, que ainda mantém o seu polo antissocial da *ordem* apoiado sobre as polícias, chegou aos 56.337 assassinados no Brasil em 2014. Ou como a policia de São Paulo, dos muito elegantes, decorosos e sérios peessedebistas entronizados no poder, matou 801 pessoas naquele mesmo ano, ou como de janeiro de 2015 até o momento em que escrevo, em março, a mesma polícia paulista já matou 180 cidadãos brasileiros.

Enfim, sem tal matéria histórica ainda viva fica difícil compreendermos como o Brasil chegou, nas contas da ONU, a produzir 11% dos assassinatos do mundo, em sua mais plena normalidade social, institucional e psíquica.

Tradição da mentira tradição do ódio

> *"Comunista bom é comunista morto. Dilma, Maduro, Hugo, Fidel, Lula, lixo do mundo."*
>
> *"Army, Navy and Air Force. Please save us once again of communism."*
>
> *"Dilma Rousseff devia ter sido enforcada na Oban."*
>
> *"O PT segue o comunismo. O PT adora o diabo. O PT rouba, mente e quer fechar todas as igrejas porque não acredita em Deus."*
>
> – Cartazes de manifestação contra o governo

Um momento extraordinário de revelação do Brasil, de um modo muito íntimo do país produzir a si próprio, nos foi dado pela conjunção de um documento concreto com um importante filme nacional. Como não poderia deixar de ser, sobre momentos significativos de aprendizado de nós mesmos, é uma das obras fortes que a cultura crítica e exigente do Brasil remete de tempos em tempos à outra cultura brasileira – a prática, imediata, anti-intelectual, quando não basicamente autoritária – que deve nos servir de baliza, de referência para que não nos percamos no sentido do que é o Brasil.

Em uma cena mínima do imenso *Cabra marcado para morrer* – como se sabe, um filme feito em dois tempos, entre 1964 e 1984, por Eduardo Coutinho e seus companheiros de viagem – temos recuperado pelo rico espaço de razões do filme *uma pequena notícia de jornal* publicada pelo Diário de Pernambuco a respeito dos acontecimentos e da intervenção do exército nas filmagens realizadas pelos estudantes cariocas em conjunto com os camponeses locais na região do Engenho da Galileia, no início de 1964. O projeto original do filme era o de uma rara mistura entre ficção e documentário, concebido por uma vanguarda estética da época realmente engajada, em que os atores que viveram as violências das relações de trabalho no latifúndio nordestino, de uma história que levou ao assassinato de uma liderança camponesa, *encenariam suas próprias vidas* como personagens em um filme que contaria a sua própria história. Tratava-se de mais uma das experiências de modernidade cinematográfica e compromisso social ante o problema do trabalho, da miséria e do atraso no nordeste brasileiro, que possivelmente viria a ser outra obra prima de nosso cinema moderno nacional, o Cinema Novo do Brasil dos anos 1960.

Enfim, uma ficção baseada em fatos da violência do latifúndio sobre os camponeses, filmada nos locais originais onde as ações se passaram, com os próprios atores sociais representando a si mesmos como personagens. Tudo orientado como ação política pela luta camponesa por direitos no campo, principalmente pela conquista de direitos trabalhistas. O projeto expressava com muita força o pacto, característico do tempo, dos jovens universitários de esquerda organizados para suas ações estéticas e políticas com a classe trabalhadora e a vida popular brasileira, no caso, do nordeste agrário, que então podia contar com a solidariedade e com a razão técnica daquela fração nova da elite, que pensava o desenvolvimento dos direitos da vida popular como verdadeiro horizonte de desenvolvimento geral do país.

O famoso filme dos anos 1980 recuperava a história e a vida dispersa de seus atores pelo golpe e pela Ditadura Civil-

-Militar daquele ano de 1964, e contava também a história do próprio empastelamento da filmagem original pelos militares pernambucanos, com as correlatas perseguições, prisões e fugas da equipe e com a posterior recuperação, quase milagrosa, de parte do material filmado que havia sido apreendida. A intervenção na filmagem se deu poucos dias depois do infame dia 31 de março de 1964, que deu início a vinte e um anos de ditadura no Brasil. Acompanhamos toda a relação de Eduardo Coutinho e dos jovens da UNE que se aproximaram do movimento político camponês por direitos trabalhistas e por reforma agrária no campo brasileiro, o trabalho de concepção do filme, a reconstituição de sua filmagem, com o uso excepcional das rigorosas imagens originais para reencenar o trabalho e a época, vinte anos depois. Neste momento, ocorre o golpe, e a historia da filmagem o registra *na própria carne*. Todo o trabalho social daquele pacto entre sul e norte, classe média e vida popular, estudantes e trabalhadores é simplesmente destruído pelo exército brasileiro, em um gesto de força que é bem mais do que uma metáfora do destino do país, das imensas clivagens e das forças que de fato importariam a partir dali. Os estudantes precisam fugir às pressas, as atividades políticas camponesas são proscritas. As lideranças populares são perseguidas, presas e torturadas e precisarão *se exilar no próprio país*, em uma atualização radical e desde baixo da famosa sentença de Sérgio Buarque de Holanda, que dizia respeito a nossa própria experiência cultural.

Então, com toda esta matéria prévia para que tenhamos perfeitamente em mente o contexto, o sentido e o valor das ações históricas de todos aqueles sujeitos, os jovens estudantes artistas e intelectuais de esquerda, a classe trabalhadora recentemente organizada no mundo rural brasileiro, o seu pacto produtivo de trabalho por um novo país, e também o exército brasileiro agindo como cão de guarda, capitão do mato das elites questionadas da época, o filme nos dá notícia de como aquela história singular, aquele pequeno evento, que se dava em um dos centros das ações que envolveram 1964, foi noticiada na cidade do Recife. E a notícia, tanto quanto o golpe e a ditadura brutal que se seguiria, era um verdadeiro escândalo de distorção, e poderíamos até mesmo dizer de *assassinato*, de qualquer nível de verdade possível sobre aquela história.

Segundo a pequena notícia, o exército brasileiro havia desbaratado na região da Galileia *um foco de treinamento de esquerdistas internacionais* – de fato, o exército *acreditava* que se tratava de uma milícia cubana. O núcleo guerrilheiro era fortemente armado, tinha sofisticado aparato técnico de propaganda para realização da lavagem cerebral dos camponeses locais e preparava uma série de assassinatos na região, com base no filme de propaganda que era exibido, *Marcados para morrer*. Por fim, o treinamento era contínuo, acontecia dia e noite.

Afora o ridículo, o patético e o cômico da situação distorcida, da realidade explícita e extrema da mentira pública, ela era mais precisamente trágica e agônica, já que violenta ao extremo. Ao mesmo tempo que, vista à luz do filme, tal *pulsão pela mentira* era intensamente reveladora. Pessoas foram presas, foram torturadas e foram mortas com base naquelas falsificações radicais, próprias da época, atos simbólicos torpes e comuns, bem articulados à ditadura real, que jamais foram reparados, ou julgados. Era a real cultura da mentira de nosso fascismo nacional comum, que foi extremamente importante no jogo político que fundamentou o golpe de força à direita, e sua ditadura fundada nestas mesmas bases simbólicas.

Das grandes violências históricas descritas, ou escritas, sobre momentos de terror do avanço autoritário brasileiro, a falsa notícia documentada no filme de Coutinho que justificava a plena repressão sobre o movimento social no campo brasileiro tem verdadeira correspondência com o momento de *transe*, de horror e de grande mentira, descrito com tensão limite no início de *Memórias do cárcere*, quando o dedicado e democrático funcionário da educação pública de Alagoas, e autor do livro, Graciliano Ramos, é preso no início da Ditadura Vargas, por ser comunista, quando, de fato, ele era preso por não ter concedido vantagens pessoais indevidas à sobrinha do famigerado tenente que o mandava para cadeia e exílio no próprio país.

Estas são as violências extremas brasileiras, simbólicas e reais, tradicionalmente franqueadas ao espírito autoritário conservador do pior brasileiro. E nossa arte e nosso pensamento, com trabalho limite e espírito de negatividade, realizaram esforços públicos significativos para deixar clara a natureza deste fundo não ultrapassado da vida brasileira.

A mínima notícia de jornal em estado de plena mentira de *Cabra marcado para morrer* é boa formação simbólica, material e objetiva, mesmo que comum, de algo de nossa vida pública e política. Esta formação permite que julguemos modos de ser da nossa tradição do ódio e da violência *desde cima*; tradição que, na vida brasileira, durante muito tempo não pôde ser responsabilizada publicamente, julgada ou condenada. Do mesmo modo, fundado narcisicamente no mesmo princípio de mentira liberada, pudemos ver hoje o honrado deputado Jair Bolsonaro dedicar o seu voto pelo impedimento da Presidente Dilma Rousseff ao honrado coronel Brilhante Ustra – um homem que a teria torturado – aquele que foi o único torturador do exército de torturadores do Estado de terror de 1964 declarado como tal pela justiça da democracia brasileira. Mas, segundo Bolsanaro, Ustra não foi um torturador – como as filmagens de *Cabra marcado para morrer* eram um foco de guerrilha cubana – e sim um homem bom. E o próprio Bolsonaro não é um fascista, mas um democrata. E, como temos visto todos os dias, muitos no Brasil pensam deste modo, em um movimento regressivo quase demente que só aumenta e que põe muita coisa em risco.

Este movimento ainda funciona no pleno registro da mentira interessada, que confunde linguagem com força, que foi o da notícia da guerrilha cubana na Galileia, de 1964. A má informação, a má fé absoluta do episódio, faziam parte necessária do sistema do horror real, no qual o plano simbólico é reduzido ao plano da ação criminosa de um Estado real. Um Estado de terror e antissocial que se estabeleceu no Brasil em 1964, com base naquele tipo de ação desonesta e de mentalidade, consentida e promovida, que autenticava a repressão sem limites, falsa em seu próprio fundamento.

Das muitas grandezas que *Cabra marcado para morrer* põe e revela sobre o Brasil, esta pequena passagem de *montagem intelectual*, da notícia plenamente mentirosa, da pura falsificação, da afirmação de uma guerra inexistente, de uma invasão cubana inexistente, com armas e treinamentos de guerrilhas inexistentes, do exército brasileiro, do jornal pernambucano e de seus donos – estes sim, violentamente existentes – não é das menos importantes. Ela revela a contrapartida do Estado de terror, que também é sua fundamentação ideológica, presente no *terror da falsificação* da vida simbólica partilhada, advinda do desejo do poder, no limite do delírio. Foi exatamente este tipo de movimento que o ditador Diáz, o vitorioso da crise política do Brasil alegórico de *Terra em transe*, nomeou em seu famoso discurso final sobre o país: "*Aprenderão, pela força…*"

Se a notícia era mentira em toda a linha e em todos os termos, ela era construção de imaginário e vida pública reais, e era verdadeira como ação, na direção da redução da vida política ao novo estado de guerra. Redução de toda a tensão e do trabalho político *do outro*, e dos múltiplos outros, que é o que caracteriza a democracia, ao estatuto de inimigo extremo e objetificado, pronto para ser exterminado, porque, segundo a própria ideologia, ele visa o *nosso* extermínio. E extermínio aqui é a palavra adequada: a vida política se torna guerra real nesta mentalidade, apoiada na expansão simbólica sem controle de uma Guerra Fria mundial, o continente simbólico de onde se sonhava tal sacrifício primitivo. O inimigo está na posição do mal absoluto, o risco originário à própria civilização do poder, e por isso ele deve ser simplesmente extirpado, destruído, exterminado. Quando falamos em fascismo diante de ações simbólicas como estas não estamos sendo condescendentes com os conceitos: Wilhelm Reich lembra, em seu livro sobre a psicologia do nazismo, que, em *Mein kampf*, o modo de Hitler situar politicamente o lugar dos judeus no processo civilizatório era exatamente este, o de um absoluto negativo que punha em risco toda a vida e o desenvolvimento da civilização positiva, ocidental, ariana, que tinha seu ápice nele próprio. Todo pensamento fascista funciona assim.

A pequena notícia de jornal, do Diário de Pernambuco, é plena mentira histórica. Mas é também plena ação política, positiva e de ódio. O plano da ação e da violência alcançou e modulou o plano do imaginário, da história e da linguagem. E é exatamente isto, em um contexto tecnológico complexo, de grandes e fragmentários fluxos de informações circulando na velocidade do pensamento pelo mundo, que habita a noção contemporânea, que ganhou o mundo, de pós-verdade. Este tipo de objeto da cultura é sintoma de sua dimensão autoritária e perversa a um tempo, mas é ato de violência preciso de quem o opera, bem construído.

O que estou tentando sugerir é que todo ódio é também uma mentira. No Brasil de hoje temos muitos cidadãos que fizeram política pesada baseada em suas *visões do inferno*. Eles viram no Brasil a Venezuela, no PT um aparato stalinista, em Lula um proto-ditador chefe de quadrilha, nas políticas sociais e culturais do governo de esquerda o prenúncio da revolução comunista de 2015 no Brasil, nos tratados comerciais com a China, nos médicos cubanos do programa *mais médicos*, bem como no recebimento de meia dúzia de miseráveis haitianos pelo Brasil, uma evidente invasão do país pela China, por Cuba e pelo Haiti, de guerrilheiros que ocupariam o país para iniciar a revolução comunista de hoje.

Muitos gritaram nas ruas, em pleno 2015 do fim do governo de Barack Obama, que pessoas como eu deviam *ir para Cuba*, que o PT cindiu o país e inventou a corrupção organizada no Brasil. Em um nível ainda mais escandaloso estas vozes também tomaram periódicos e jornalistas radicalmente parciais, unilaterais e, sendo assim, positivamente antiéticos. Estes são produtores de *meios atos* degradados e mais do que patéticos daquele mesmo tipo de ação política da mentira, justificativa de violência real, da notícia do jornal pernambucano de 1964 à respeito da interrupção das filmagens de *Cabra marcado para morrer*, uma obra prima do cinema político de todos os tempos e lugares. Todas estas ações da mentira tentaram colocar o PT no lugar de inimigo absoluto da civilização, o que o PT simplesmente não é. Os problemas do PT, por mais sérios que sejam, são exatamente os mesmos problemas de nosso sistema político geral.

Este é um mecanismo de violência que o Brasil cultivou, sobre o qual ele fundou a sua modernidade contemporânea e que criticou de modo insuficiente, superficial. A democracia conviveu com a suspensão da crítica a esta ordem de violências, fechando os olhos cuidadosamente à coisa. Permitiu o elogio e a proteção dos mecanismos de recusa e de distorção da realidade política de seu próprio tempo, por aquele tipo de homem e de produção simbólica que visa a implementação da violência como política, e no discurso. Agora, ela colhe os frutos desta reserva brasileira *da mentira* como ação política. A pulsão à mentira de hoje justifica a interrupção, com argumentos jurídicos frágeis, mas com uma ideologização feroz e espetacular à direita, de um governo eleito.

É a ordem da tradição autoritária brasileira se apresentando novamente no nosso novo mundo, da cidadania e do *fascismo* de consumo.

Crise e alucinose, anticomunismo do nada

É um consenso do campo político democrático e progressista brasileiro – aquele que poderíamos definir, em um grau zero de posicionamento, como *comprometido ética e juridicamente com os direitos humanos universais* – que nosso longo último período de exceção antidemocrático, o da grande Ditadura Civil-Militar de 1964-1985, não foi suficientemente nem corretamente *elaborado*. Em uma certa medida simbólica importante, aquele regime ditatorial não foi transformado em linguagem, lei e psiquismo, no processo público de construção da democracia brasileira recente. A história concreta de nosso trabalho social, psíquico e ético, de nossa saída da Ditadura, o período contemporâneo conhecido como *redemocratização*, não implicou uma profunda e verdadeira democratização *das mentalidades* e do *fundo autoritário brasileiro*, uma entidade nacional que tem profundidade histórica de longa duração.

A norma do barramento da memória que pudesse fazer efeito público legal, e a suspensão de uma justiça de transição legítima o suficiente, pela Lei da Anistia de 1979, para muitos uma lei extorquida – pelo campo autoritário com o interesse estrito de impedir a punição dos homens de Estado envolvidos em assassinatos, desaparecimentos e torturas de brasileiros –, foi plenamente vitoriosa no desenho e no controle do processo jurídico da transição democrática a respeito das grandes violências ditatoriais. E esta situação concreta excêntrica, do impedimento do direito da democracia de julgar a ditadura, pelo direito mais forte da ditadura de tutelar a democracia, mais uma vez, como é comum no caso brasileiro, está em nítido desacordo com os tratados internacionais a respeito da justiça das transições democráticas, que o Brasil também assina.

Deste modo, diante da norma universal ocidental, algo ainda se passava no país de modo análogo ao tempo da origem em que o Brasil, pressionado pela Inglaterra, havia proibido o tráfico de escravos desde 1830, porém continuava a praticá-lo, bem como a conceber a própria sociedade como escravista, tornando-se uma espécie de nação pirata diante do direito internacional da época, diante dos termos da modernidade do século XIX, já regulada por contratos entre as classes – e assim, legitimando o bombardeio pelas canhoneiras inglesas de navios negreiros brasileiros, na própria costa do Brasil. Do mesmo modo, no tardar da hora histórica do fim do segundo mandato do Presidente Lula, já em 2010/2011, passados *seis mandatos presidenciais* sob o signo da *redemocratização*, o Brasil foi finalmente condenado, em um processo movido pelas famílias de assassinados e desaparecidos pelo Estado ditatorial, na Corte Interamericana de Direitos Humanos da OEA, a reestabelecer *algum processo de justiça de transição*, até então barrado pela lei de Anistia impingida, não realizado de modo a corresponder ao direito internacional.

Passados 26 anos do fim da Ditadura Civil-Militar de 1964, por influxo externo, e mais uma vez correndo o risco de se tornar um país *pária* do direito internacional que também professava, o Brasil foi finalmente obrigado a instalar a sua relativamente tímida Comissão Nacional da Verdade sobre a sua Ditadura. Uma obrigação internacional de direito interno, que, ainda uma vez, promoveu a mobilização radical de vozes locais plenamente a favor do não julgamento das violências imprescritíveis realizadas na última ditadura – *íntima* – brasileira.

Se o problema se esgotasse neste ponto tudo seria muito ruim, mas, ainda assim, também uma solução tardia. Mas, de fato, nada para aí. Como se sabe, a sustentação de uma política corrente e cotidiana *contra os direitos humanos* no Brasil é uma vexatória, para não dizer bárbara, constante pública entre nós. Ela se origina, em um nível histórico imediato, exatamente na necessidade de legitimar e proteger a ação criminosa de agentes públicos – militares, policiais, burocratas – sustentados por dinheiro empresarial civil, da Ditadura de 1964-1985. E, em horizonte mais distante, mas talvez mais importante, o ativo *anti-humanismo* brasileiro se enraíza na longuíssima tradição de concentração extrema de poder, antipopular, dos trezentos anos coloniais de escravidão e do século original do Império escravocrata do Brasil.

Escravidão significa uma massa social de trabalhadores forçados, sem direito pessoal algum, e uma casta senhorial com direito ao sadismo franqueado sobre o corpo do escravo, sua *propriedade*. Um mundo escravista é, de fato, o real negativo de qualquer possibilidade de existência de *direitos humanos*. E, hoje, como é possível constatar todos os dias, políticos de direita, radialistas, pastores, e programas de TV diários, revistas, e uma parte significativa da opinião pública em uma verdadeira "tempestade" na internet, entre pobres, classe média e ricos, enuncia cotidianamente, felizes em seu direito à posição de violência, que não deve haver *direitos humanos para bandidos no Brasil*, quando, como se sabe, a lei internacional é aquela que precisamente garante *aos bandidos* o direito universal. O arcaísmo satisfeito, contemporâneo, da posição irracional é nítido, positivo na sua condescendência com *o novo terror*.

Por isso, e pela falência interessada do Estado nesta matéria – compreensível, sendo assim as coisas do direito social ao sadismo da nação – no relatório de janeiro de 2015 da Human Rigths Watch, ficamos sabendo, mais uma vez, que o Brasil *convive com abusos crônicos como tortura, execuções extrajudiciais, impunidade de crimes cometidos durante a Ditadura e más condições de seus presídios*. Além do novo destaque, da espetacular e crescente ação de extermínio da polícia, por exemplo, em São Paulo e no Rio de Janeiro: "O número de pessoas mortas em decorrência de intervenções policiais nesses Estados aumentou drasticamente em 2014 (40% no RJ e mais de 90% em SP)"[1].

Esta *recusa* pública consumada em aceitar a regra democrática universal, que atravessa campos interessados da política, da mídia de massas e da polícia no Brasil, é uma *forma*, um princípio político reiterado, de franquear o espaço público à tradicional posição autoritária brasileira e de insistir nela. Ela tem correspondência com uma outra posição, *também limite e de recusa*, irracional, mobilizada como corpo, como grupo e como voz nas manifestações sucessivas de 2015 pelo impeachment da Presidente Dilma Rousseff.

---

1. BBC Brasil, "Direitos Humanos: relatório de ONG crítica mortes pela polícia e prisões medievais", 20/01/2015.

Do mesmo modo que a recusa em aceitar a regra ocidental mundial, já tradicional, da Declaração Universal dos Direitos Humanos da ONU de 1948, cria uma distorção, para a satisfação de alguns, do *lugar do Brasil no mundo*, produzindo realidade pública de pensamento político e social *exterior* ao que é universal – distorção particular que, lembrando uma noção do psicanalista Wilfred Bion, podemos chamar de *alucinose – um dos discursos* fortes que exigem o impedimento da Presidente funciona de modo análogo a esta poderosa *formação* psicopolítica brasileira.

Este discurso particular, muito acentuado nas manifestações das ruas, *de que o governo petista é comunista, stalinista, de que os petistas, além de ladrões consumados – "petralhas" diz o mau jornalista animador deste público – e um câncer no Brasil, transformaram o Brasil na Venezuela*, é a consumação algo delirante, a realização simbólica plena atual, da tradicional posição autoritária à direita brasileira. Diante das distâncias impressionantes destas enunciações de alguma realidade das coisas políticas brasileiras se torna muito claro o que Bion quis dizer com o *nome* psicanalítico de *alucinose*: uma distorção efetiva da *capacidade de pensar* fundada na necessidade de *saturar* a realidade com desejos que não suportam frustração, bem como no impacto corrosivo dos mecanismos psíquicos ligados ao ódio sobre o próprio pensamento.

É quase degradante, indigno do que importa, termos que produzir uma medida para a grave distorção, muito interessada, que este discurso, aproximado da violência, significa no espaço público brasileiro. Mas chegamos a este nível das coisas, no grande processo atual de regressão democrática, do qual, sem dúvida, a política ampla do PT frente o Brasil também faz parte. Assim, tornou-se necessário lembrarmos simplesmente o óbvio: diferentemente da Venezuela, no Brasil a Presidência da república está limitada a uma reeleição, a Justiça, o Ministério Público a Polícia Federal são autônomos e ativos – importantes membros do partido do governo, e do governo, foram condenados – a imprensa é independente e o grande Capital nacional sempre esteve bem representado no governo. Além disto, o governo petista foi aquele que dinamizou o *capitalismo de mercado interno brasileiro* durante os anos de 2004 a 2010, em um nível de atividade e integração social, via aumento de empregos formais, até então inéditos no país. E, por fim, o governo petista paga as contas políticas da sua aliança, corrupta, com um setor arquitradicional do *Capital nacional*, as imensas empreiteiras que controlavam o Estado para seus interesses, ao menos desde a criação de Brasília, e não de nenhuma ação de socialização levada à cabo. Neste processo, brasileiro, do *populismo de mercado* lulopetista, não há traço de comparação político institucional possível com a Venezuela chavista.

Mas, relembrar estes dados históricos concretos nada significa para aqueles que, ao ouvi-los, devem gritar que o lugar deste autor é em Cuba – quando os EUA retomam relações com Cuba… –; se não começarem a expressar o pensamento como *passagem ao ato*, de bater nas panelas para calar o adversário na linguagem – em uma metáfora muito concreta, já no limite da ação física, do desejo evidente de *bater, usar a força* e *calar*.

De fato, o processo da regressão política, da alucinose, de grande parte daqueles que ocupam as ruas brasileiras hoje contra o governo é verdadeiramente *espetacular*. Ele soube ligar a tradição de longa duração do *anti-humanismo antidemocrático* autoritário brasileiro, com a nova organização midiática de eventos, massivos, e com a ambiguidade satisfeita da grande mídia nacional frente às mazelas reais do quarto governo petista. Os pontos políticos reais – a crise econômica, que tem vínculo com o desaquecimento da economia mundial, e o grave sistema de corrupção que, condescendente com o modo tradicional de fazer política no Brasil, corroeu o governo petista e seu capital simbólico político – já seriam suficientes para uma crítica severa ao governo. No entanto, esta oposição necessita de mais: necessita de argumentos falsos, do desejo de projetar sobre o governo um objeto interno mau, o comunismo inexistente. Esta duplicação imaginária do mal do governo, *os comunistas inexistentes*, tem a função psíquica de liberar velhas fantasias autoritárias brasileiras, pois, sendo o governo *comunista* ele deve ser tratado como um *comunista,* no código de doutrina de guerra da velha Guerra Fria – já liquidada no mundo – ou seja, anulado e destruído. Por isso, por uma verdadeira política do direito ao ódio, e sua ação como política, *o comunista* é o objeto fetiche negativo do anticomunista, e do antipetista atual, *assim como o escravo era o objeto fetiche do senhor de escravo*, e o judeu, o do nazista. Ele é a vítima fixada, cuja culpa está dada por ser ela própria, para o pleno direito da ação política do ódio.

Tudo pareceria apenas farsa, se a força política de tais mecanismos subjetivos, ancorados na política do direito ao ódio, e do ódio como política, não mantivesse intocada, como uma reserva histórica possível, a longuíssima tradição autoritária brasileira, aquela mesma que, na saída de nossa última ditadura não foi publicamente criticada nem elaborada. A farsa – de uma Guerra Fria particular antipetista – dos anticomunistas do nada atuais, *produtora de alucinose no lugar de pensamento,* organizada em *recusa da história* e em *fe-*

tichização do seu *objeto mal*, que permite, no limite, a ação violenta, restritiva dos sentidos, quer tornar-se tragédia, dissolver os parâmetros da política democrática, produzindo um *novo estado de transe brasileiro*. De fato, alimentando políticos de direita na sua prática de forjar provas para o impedimento da Presidente, ilegítimos porque denunciados no mesmo esquema de corrupção que abala o governo, a nova farsa subjetiva do homem autoritário brasileiro, *anticomunista do nada*, foi força de produção do *transe* contemporâneo, a dissolução dos limites e da ordenação entre os diversos poderes em jogo.

Como se tornou um consenso agora, *a crise política*, e seu grau de alucinose irracional, aprofundou seriamente a crise econômica. Mas, como funciona o psiquismo parcial do *anticomunista do nada*, a culpa de tudo será sempre do inimigo, aquele que deve ser vencido em uma guerra de liquidação total, a *comunista* Presidente Dilma Rousseff, que *transformou o Brasil na Venezuela*. Ele próprio, em um último mecanismo deste psiquismo, um tipo de *self fascista*, está sempre desobrigado em reconhecer as próprias responsabilidades, e os resultados das próprias ações – precisamente como a Lei de Anistia brasileira tornou prerrogativa – no processo violento, destrutivo e irracional que, de fato, protagoniza.

A extrema direita de hoje e o Brasil: modos de usar

O processo político histórico recentíssimo do Brasil surpreendeu a muitos por recolocar no plano da vida pública, e da produção de energia política e até mesmo de proposições políticas positivas, uma dimensão e uma entidade político social estranha, mas íntima, e dada até ontem por ultrapassada e extinta. Trata-se da velha configuração social de uma particular direita radicalizada, uma força política imaginada, comprometida com arcaísmos aos quais se deve determinar o caráter, até então de pouca extensão e representação, mas que passou a ter função política efetiva no processo da forte crise de governo contemporânea, tornando-se mais intensa e algo estratégica no tempo do que o tradicional conservadorismo cordial, ou banal, brasileiro. Uma força ativa na sua concepção própria, e distorcida, de mundo, tendente ao extremo de um sistema de ideias que, sem o prejuízo de um excesso, buscam e são a repercussão de um real sistema delirante das coisas políticas que evita intensamente dobras ou veleidades dialéticas.

Durante um bom tempo do andamento da crise radical do último governo de ampla coalisão petista-peemedebista, crise real do próprio sistema político brasileiro como hoje se sabe inteiramente, o nosso mundo estável dos conceitos políticos e do entendimento da vida social se recusou a incluir, a compreender e a lidar com a presença e a função estruturante significativa da nova velha extrema direita brasileira em todo o processo produtor daquela mesma crise. Não só o fenômeno, a sua linguagem, os seus objetos e a sua subjetividade não eram olhados de frente, enquanto problema real de política e de conceitos sobre o Brasil, e sobre o Brasil atual, como ele era desconsiderado nas próprias funções que passou a ter *na real organização* da crise, na ação prática que passou ao primeiro plano das forças políticas existentes do país. Como Adorno notou bem um dia sobre este ponto, tudo se passava como se o sistema oficial da inteligência *não pudesse nomear e agir politicamente sobre a realidade do fascismo* presente no seu próprio horizonte. Um ponto cego político, uma formação negativa e inconsciente, mas também um lance estratégico de política real, como veremos, que sempre cala sobre o pior e ainda uma vez, e que nos cabe perguntar sobre a sua própria origem, a natureza da sua própria recusa.

Agora, passados dois anos da malfadada eleição do segundo mandato petista de Dilma Rousseff, e do cerco de todas as proporções e de muitas forças que se abateu sobre o seu governo, que nunca chegou a existir de fato dada a forte paralisia estratégica política que levou a sua queda, todos se espantam tardiamente com o real resto político negativo e insistente, a fratura exposta da vida política nacional, tendente a posições aproximadas de alguma modalidade de fascismo, da presença política cada vez mais evidente de um Jair Bolsonaro no país – como se sabe, um ex-militar de baixa patente, formado em regime autoritário, apologista da Ditadura de 1964-1985, da tortura e do assassinato de pessoas de esquerda, homem que já declarou com ênfase, em espaço de poder democrático, o seu machismo misógino, o seu racismo e sua homofobia. Uma presença movimento que, ao mesmo tempo que se configura como grotesca e autoevidente piada de mau gosto sobre o nível político e simbólico que o país alcançou, é ação política positiva clara de desprezo efetivo por direitos acordados historicamente, e convite aberto, no limite da prática, à violência direta como ação política. Tal presença mórbida, *necropolítica* como dizem os novos teóricos críticos, também passou a representar *estranho e familiar* projeto de futuro, e de degradação nacional triunfante, no horizonte rebaixado agonístico do próprio jogo contemporâneo do capitalismo mundial, que produz efeitos semelhantes, mas diferentes, em várias outras nações.

De fato, é sempre preciso lembrar e afirmar que, no caso brasileiro, a política oficial da redemocratização em relação aos agentes do terror de Estado da Ditadura de 1964-1985, às ações da extrema direita presentes no poder ditatorial – homens que mataram, torturaram, sequestraram e desapareceram com brasileiros e, ainda em 1981, colocavam bombas em espaços civis – foi praticamente nula. A lei geral aceita a respeito do terror de Estado brasileiro foi a real lei política outorgada pela própria Ditadura Civil-Militar, a lei da Anistia de 1979, de fato uma lei de autoproteção e autoanistia dos homens bárbaros da Ditadura sustentados pelo poder brasileiro. A partir deste princípio protetor forte da extrema direita da ditadura da Guerra Fria brasileira, na ativa conciliação da Nova República e do processo geral da redemocratização brasileira, o espaço público e político nacional suspendeu o trabalho de elaboração do seu passado violento e traumático recente, qualquer desejo de operar sobre a sua forma e energia, passando diretamente à fantasia protetora e superficial de uma realidade pacificada por mero desejo, fantasia distorcida defensiva de uma hegemonia cordial nacional, agora modernizada e democrática. Assim o Brasil não só produziu uma exceção em todo o sistema simbólico legal universal das políticas de justiça e de transição, barrando o *julgamento real*, e portanto também o simbólico em alguma medida, sobre a sua ditadura íntima, mas também gestou e manteve viva a ideia de uma real tutela do campo autoritário, sobretudo do Exército e das Forças Armadas brasileiras, mas também dos senhores e empresários que os sustentaram, sobre o sistema geral da democracia. A ditadura brasileira determinou a lei central a seu respeito que posicionou o próprio Estado de Direito democrático que deveria ultrapassá-la, e não o contrário, como de fato preconizam os acordos e as normas internacionais de transição. A ordem democrática estaria sobre uma determinação mais ampla, uma concessão de força cedida, mas não superada, de tais forças.

Noutras palavras, a extrema direita ditatorial brasileira foi protegida, destacada do processo de julgamento real e simbólico e premiada no processo de democratização, com a própria lei de anistia tutelar com que invadiu e deformou o espaço democrático. Apenas após seis governos democráticos seguidos, e por ser derrotado e condenado em um tribunal internacional de direitos humanos em ação movida por familiares de desaparecidos, na OEA, que não reconheceu a legalidade de nosso rápido recalcamento politicamente interessado da Ditadura, o Estado brasileiro inventou uma tardia Comissão Nacional da Verdade, para simular uma justiça de transição que nunca existiu entre nós. Ela passou a funcionar, sem prestígio nem força, com imensos constrangimentos causados pelas Forças Armadas que mal cumpriam suas determinações, durante o primeiro governo de Dilma Rousseff, processo que teve, como veremos, efeito importante na mobilização original contemporânea da nova extrema direita brasileira.

Deste modo, a democracia brasileira carregou o enclave simbólico de uma força arcaica que, não podendo ser *julgada*, permaneceu viva como um *real* transcendente a todo movimento histórico. Ao *fim do processo*, a *forma* final do Brasil *sair de sua ditadura íntima*, sem sair, confirmava a estrutura da presença intocada e retornante do nosso mesmo atraso e violência antissocial, muito bem percebidos e formalizados por Glauber Rocha em *Terra em transe*, de 1967, um filme que tentava exatamente diagnosticar como a vida política brasileira da época girou mesmo em falso, e como a força arcaica de uma repetição infinita de um autoritarismo antissocial extremo brasileiro nos fez então *entrar na Ditadura...*

Do mesmo modo, como todos sabemos, o processo geral da redemocratização não desalienou as polícias locais de seus fortes vínculos militares, de forma a buscar e indicar um estado social de democracia plena como um sistema de segurança fundamentalmente cidadão; ao mesmo tempo que, ao longo do tempo, com a sustentação de múltiplos e sucessivos governos de direita e com o imaginário antissocial e racista tradicional nacional reinvestido nesta política efetiva de Estado, o espaço da democracia liberou e autorizou a real ação paliativa da crise social brasileira, sempre *produzida adiada*, de um direito informal mas constante ao extermínio dos cidadões *matáveis* pelas polícias brasileiras, mantendo contínuos, agora sobre a massa de pobres nacionais, os gestos de violência, tortura e assassinatos característicos do período ditatorial.

Tal convivência com o Estado de exceção permanente, com um certo grau de *extermínio paliativo*, para pobres e negros no Brasil, sem falar na realidade da violência constante contra povos indígenas, é de fato uma política continuada de nossa democracia invadida pelo campo autoritário nacional desde a sua raiz, e, se ela não é dita pelo poder público, é afirmada praticamente, mantendo-se em um nível infantilizante ideológico de um banal segredo de polichinelo de Estado: uma política sabida e reconhecida por todos, inclusive internacionalmente, mas simplesmente ilegal, contra os códigos acordados desde a constituição de 1984 e os vínculos do país com os protocolos internacionais de direitos humanos.

Assim se configura, ainda mais uma vez, o fundo prático cindido de nossa mentalidade autoritária, atuando em um espaço contra a própria lei simbólica, e afirmando o falso vínculo estratégico com a lei – para a imagem superficial de civilidade dos homens bons da nação – simultaneamente e tudo ao mesmo tempo agora. É uma versão pesada, ctônica, de terror e de necropolítica afirmativa – 60.000 assassinatos nos últimos anos no país, dos quais as policias participam com cerca de 10.000, contra a ordem da lei… –, para a velha figura da *volubilidade* de caráter nacional, de fato, em termos psicanalíticos clássicos uma estrutura *socialmente perversa*, forma definidora das elites brasileiras desde a leitura de Machado de Assis a seu respeito, ainda no século XIX.

Nosso século XIX em que, aprofundando o ponto, o Brasil estabeleceu a lei do fim do tráfico internacional de escravos visando à abolição completa ainda em 1830, a reafirmou como novidade em 1850 e concedeu o término da escravidão formal, por fim, em 1888, de modo a fazer o espaço social nacional atravessar o século de *forma real escravocrata*, mas também de *modo legal* afirmado publicamente contra o tráfico. O homem político nacional advindo daí se tornava assim um nem isso nem aquilo histórico e social, ou ainda, bem ao contrário também, um isso e aquilo simultaneamente. Precisamente o que Machado de Assis descreveu na forma genial de seu *Brás Cubas,* de 1880, e que Roberto Schwarz em um outro momento de recrudescimento e exposição do autoritarismo nacional, nos anos 1960 e 1970, reconheceu como a estrutura profunda de formação subjetiva social: liberais escravocratas, homens modernos submetidos às leis de trocas internacionais do mercado de *commodities* de seu tempo, abertos e checados pela cultura moderna, científica e industrial dos países centrais, mas também amarrados com satisfação em seus espetaculares privilégios concentracionários, antissociais e sádicos locais, pela afirmação continuada da forma da vida e da formação escravocrata.

Retornando ao ponto contemporâneo: se a política de extermínio mínimo, prática de Estado e de governos sobre a massa de pobres e jovens negros, os cidadãos matáveis do país, não é afirmada pelos agentes públicos que a promovem, mantendo-se a fachada fetichista de normalidade democrática e de direitos civis efetivos, instância ideológica para o uso narcísico e satisfação civilizatória dos próprios senhores no processo – que além de assassinos são também civilizados, democráticos e elegantes – por outro lado, tal prática se tornou uma clara política cultural, produtora de indústria ampla no plano da comunicação social e da política, gerando um texto matriz corrente de radical ressentimento e de ataque aberto aos direitos humanos. São os muitos programas de rádio e televisão conservadores que se espalham por todo o país, de extrema direita, por que não dizer, que acontecem de manhã até à noite, e que se utilizam da crise social e da insegurança continuada de pobres e classe média para explorar e estruturar o desejo primitivo de vingança, e a fantasia reparadora arcaíssima de que o sacrifício, o extermínio direto do mal social, desde que pobre e excluído, pode dar conta do mal brasileiro mais amplo.

Cria-se assim uma cultura complacente de violência prática contra pobres, a imensa maioria negros, que alimenta e sustenta a posição perversa de Estado e de governos, de matar e deixar matar e de negar o extermínio simultaneamente. Estes dois campos, como aliás foi muito bem diagnosticado no *blockbuster* popular dos anos 2000 *Tropa de elite*, particularmente o filme ii, são coordenados e caminham na mesma direção, a da criação de uma hiper cultura da violência nacional, legitimada, de aberto desrespeito de direitos e de classe, que investe as polícias em todos os níveis de um excesso de poder, cultura que é ao mesmo tempo totalmente afirmada, tornada prática e também negada, por esta gigantesca maquinaria ideológica de Estado.

Trata-se de uma ativa cultura da violência sádica e compensatória contra pobres e negros brasileiros, que tenta equilibrar os maus resultados da integração social nacional, da instabilidade e da segurança, de uma sociedade mantida constantemente em risco pelo espetacular e imutável processo concentracionário da renda, plenamente, e cada vez mais, reafirmado por esta modalidade de democracia danificada, muito efetiva e ativa. Não por acaso, como medidas políticas coordenadas do governo de pouca legitimidade atual, mas de grande interesse classista, um governo que construiu a sua chegada ao poder sobre o aprofundamento da crise econômica brasileira, que toma medidas recessivas e que ataca a estrutura acordada de direitos sociais da constituição de 1988, para aumentar a força do capital frente à do trabalho, também, o mesmo governo, e ao mesmo tempo, faz grandes investimentos em polícia, equipamentos e estrutura de segurança pública... Tudo indica que a real descompensação social do poder, que aumenta o seu já fantástico poder de concentração no Brasil, deve ser compensada por uma integração social na violência, uma ação repressora generalizada de força constante sobre a vida social nacional. Um exemplo empírico: desde que o governo de direita chegou ao poder, sem passar por uma eleição, todas as manifestações públicas críticas ao governo, simplesmente todas, sempre terminam com o ritual simbólico da repressão violenta afirmada pelo governo e sua polícia, sinalizando que tais direitos democráticos estão sob tensão, não são inteiramente desejáveis, e, no limite, podem deixar a qualquer momento de serem aceitáveis... É a forte relação existente, em todo lugar, entre o aumento da ação política econômica de tipo neoliberal e o aumento simultâneo das práticas repressivas ativas de governo.

Estes são elementos históricos sociais prévios para o entendimento da manutenção do espírito de extrema direita brasileiro, as ações decisivas do fundo autoritário nacional, espírito político baixo que foi espetacularmente reativado na crise política de 2015 e 2016. Porém, antes de pensarmos mais detidamente a natureza velha nova deste fenômeno de política contemporânea brasileiro, quero evocar um retrato da convocação pública à direita que se mobilizou naqueles anos de crise para a derrubada do governo petista em seu recém ganho quarto mandato. Escrevi o texto que se segue em meados de 2015. Ele fazia parte de um conjunto mais amplo, que buscava entender as várias forças de desestabilização entrópicas que acabaram por produzir o impeachment de Dilma Rousseff, com atenção para a mobilização espiritual, prática e linguageira da nova direita tomando as ruas, o espaço público político visível nacional, sua busca de produção de força política e atuação, uma verdadeira novidade no período democrático. Chamei este texto, que fazia parte de um ensaio sobre a destruição, e a autodestruição, do último governo petista, de "Anticomunismo, antipetismo":

Estas tensões políticas, clivagens e afastamentos sociais do governo de Dilma Rousseff foram a base da convocação de um outro tipo de agente social, que acabou por ser a fera de ataque mais dura, organizada e eficaz, para a corrosão atual da mística petista. Com o realinhamento gradual e real do grande capital contra o governo, *o homem conservador médio*, antipetista por tradição e anticomunista por natureza arcaica brasileira mais antiga – um homem de adesão ao poder por fantasia de proteção *patriarcal e agregada*, fruto familiar do atraso brasileiro no processo da produção social moderna – pode entrar em cena como força política real, deixando de expressar privadamente um mero ressentimento rixoso, carregado de contradições, contra o relativo sucesso do governo lulopetista, que jamais pode ser verdadeiramente compreendido por ele.

Com as eleições, e o apoio senhoril assegurador do grande dinheiro, que voltava a ser genericamente antipetista, este povo se manifestou em massa. Com a bomba atômica da corrupção na Petrobras revelada, explodindo no colo da Presidente logo após a reeleição – a verdadeira ficha do desequilíbrio político final – esta camada média, que havia se organizado ao redor de um candidato e que não se conformara com a sua derrota, ganhou o instrumento definitivo, agora de fato *real*, que, junto com a sua própria nova organização, de produção midiática de espetáculo de massas, e de muita estratégia na internet, gerou a nova paixão política conservadora pósmoderna brasileira. O desequilíbrio mais profundo da política no capitalismo de consenso geral brasileiro (...) tendia a se desequilibrar fortemente para a direita, *nova velha*.

Assim, antipetistas indignados com a corrupção do outro, e anticomunistas do nada, tomaram as ruas para produzir o texto para os grandes conglomerados de mídia nacionais repercutirem, o que ocorreu, em tempo real. Estas forças *herdaram as ruas* a partir dos levantes, originalmente críticos ao governo, mas à esquerda, ocorridos em 2013, se apropriando da legitimidade política e simbólica do que era um outro movimento.

Embora esvaziado em todo o mundo, e particularmente no modo de conceber o poder da até ontem bem sucedida esquerda democrática brasileira, a já tardia ideia de "comunismo" parece ainda ter uma vigência imaginária importante no Brasil, e está bem presente, surpreendentemente, no fundo da ação na rua desta grande fração das classes altas brasileiras. Onde as coisas são assim, pode-se afirmar com alguma certeza um fracasso de racionalidade do vínculo entre pensamento e política.

Construção que vem de bem longe, ponto de apoio e ideia central para a instauração de duas ditaduras *parafascistas* no difícil século XX brasileiro, foco de uma guerra mundial pela hegemonia de Impérios, o anticomunismo sobrevive magicamente no Brasil de hoje como uma espécie de imagem de desejo, para a grande simplificação interessada da política que ele de fato realiza. Ele mantém o discurso político em um polo muito tenso e extremo de negatividade à qualquer realização democrática ou popular de governo; ou melhor, ele é contra qualquer realização que desvie a posse imaginária do Estado de seus senhores, imaginários, de direito.

Para antipetistas, movimento de desfaçatez do velho anticomunismo, basta atribuir ao governo o epíteto de stalinista, ou bolivariano – e gritar nas ruas que "aqui não é a Venezuela", como se algum dia o Brasil o tenha sido – para poder se livrar de explicar todo o sentido real da política brasileira. Trata-se de um sortilégio, da redução da política ao maniqueísmo interessado mais simples, na esperança de desfechos já há muito impossíveis, do tipo Guerra Fria.

A dinâmica democrática e viva entre as classes e o governo é transformada deste modo em um gesto de desejo imediato, em uma luta imaginária limite, contra os comunistas inexistentes. E, me parece, isto apenas quer dizer que o governo deve ser derrotado *in extremis*. O anticomunismo é estratégia extremada – ancorado no arcaico liberalismo conservador brasileiro, com fumos de fidalguia, as famosas raízes do Brasil, de origem ibérica e escravocrata – de resgatar o governo de compromissos populares quaisquer, mesmo quando estes compromissos, como no caso dos governos Lula e Dilma, sejam de fato os da inserção de massas no mercado de consumo e de trabalho, evidentemente pró-mercado, capitalista.

E, de fato, é necessária uma fantasmagoria limite, exatamente por isso: foi o governo de esquerda que deu uma certa solução política para o avanço capitalista bem paralisado no Brasil do neoliberalismo periférico dos anos 1990, dirigido pela grande elite econômica nacional. Bem ao contrário da alucinose dos homens que ainda usam os termos próprios da Guerra Fria, como se sabe, o governo de esquerda dinamizou intensamente o capitalismo de mercado interno brasileiro, alcançando de fato um virtual estado de pleno emprego no Brasil.

A taxa de desemprego caiu sem parar durante os governos petistas, de 12,4% em 2003 para 4,8% em 2014, enquanto, de 2009 a 2014, nos Estados Unidos, origem da crise mundial, ela oscilou de 10% para 7%, na Itália ela foi de 7% para 13%, na França de 8,5% para 10,2% e na Espanha…, de 18% para 27%; e por isso mesmo, nos valores hegemônicos de uma cultura total de mercado, tal governo só poderia ser vencido se lhe fosse projetado o velho desejo autoritário brasileiro, o mais puro anticomunismo com toques de moralismo neoudenista, que, mais uma vez, nada tinha a ver com o caso.

Por isso, inimigos políticos paralisados pelo sucesso mais geral do governo Lula foram revolver os porões psíquicos do passado: após a vitória de Lula com Dilma, Fernando Henrique Cardoso propôs, de modo envergonhado, mas convicto, que o PSDB guinasse à direita e José Serra utilizou-se abertamente de retórica anticomunista em sua campanha contra Dilma Rousseff. Justo eles dois, um dia vítimas da prática de ódio político com que agora flertavam. Essa linguagem já se tornara quase óbvia na campanha de Aécio Neves, campanha derrotada, provavelmente, pelos pobres empregados do Brasil de 2014.

Vejamos os termos sociológicos, e a janela de oportunidades, de Fernando Henrique Cardoso, para esta guinada do partido, contra um discurso político "visando o povão", a favor do que chamou de *novas classes possuidoras*, que deveriam ter os próprios interesses aguçados por uma nova política à direita; e a favor do acento do discurso moralista de elite, que fatalmente encontraria a velha estratégia retórica do anticomunismo brasileiro:

"Enquanto o PSDB e seus aliados persistirem em disputar com o PT influência sobre os 'movimentos sociais' ou o 'povão', isto é, sobre as massas carentes e pouco informadas, falarão sozinhos. Isto porque o governo 'aparelhou', cooptou com benesses e recursos as principais centrais sindicais e os movimentos organizados da sociedade civil e dispõe de mecanismos de concessão de benesses às massas carentes mais eficazes do que a palavra dos oposicionistas, além da influência que exerce na mídia com as verbas publicitárias. (…) Existe toda uma gama de classes médias, de novas classes possuidoras (empresários de novo tipo e mais jovens), de profissionais das atividades contemporâneas ligadas à TI (tecnologia da informação) e ao entretenimento, aos novos serviços espalhados pelo Brasil afora, às quais se soma o que vem sendo chamado sem muita precisão de 'classe C' ou de nova classe média. Digo imprecisamente porque a definição de classe social não se limita às categorias de renda (a elas se somam educação, redes sociais de conexão, prestígio social, etc.), mas não para negar a extensão e a importância do fenômeno. Pois bem, a imensa maioria destes grupos sem excluir as camadas de trabalhadores urbanos já integrados ao mercado capitalista está ausente do jogo político-partidário, mas não desconectada das redes de internet, Facebook, YouTube, Twitter, etc. É a estes que as oposições devem dirigir suas mensagens prioritariamente, sobretudo no período entre as eleições, quando os partidos falam para si mesmos, no Congresso e nos governos. Se houver ousadia, os partidos de oposição podem organizar-se pelos meios eletrônicos, dando vida não a diretórios burocráticos, mas a debates verdadeiros sobre os temas de interesse dessas camadas. (...) Seria erro fatal imaginar, por exemplo, que o discurso 'moralista' é coisa de elite à moda da antiga UDN. A corrupção continua a ter o repúdio não só das classes médias como de boa parte da população. Na última campanha eleitoral, o momento de maior crescimento da candidatura Serra e de aproximação aos resultados obtidos pela candidata governista foi quando veio à tona o 'episódio Erenice'. Mas é preciso ter coragem de dar o nome aos bois e vincular a 'falha moral' a seus resultados práticos, negativos para a população. Mais ainda: é preciso persistir, repetir a crítica, ao estilo do 'beba Coca Cola' dos publicitários. Não se trata de dar-nos por satisfeitos, à moda de demonstrar um teorema e escrever 'cqd', como queríamos demonstrar. Seres humanos não atuam por motivos meramente racionais. Sem a teatralização que leve à emoção, a crítica moralista ou outra qualquer cai no vazio."[1]

FHC simplesmente sinalizou, em um discurso estranho e novo à leitura política nacional, muito assemelhado aos cálculos sociais de marqueteiros americanos, a brecha possível para a emergente *teapartização* do espaço público da política brasileira, um movimento

---

1. "O papel da oposição", Revista Interesse Nacional, no. 13, abril/junho 2011.

apaixonado de busca de submissão extrema de tudo ao mercado e sua estrita produtividade – *jacobinos do mercado* – que também animou, em outro círculo do conservadorismo, o delírio arcaico do velho anticomunismo brasileiro. Anticomunistas do nada, velhos autoritários antipopulares e novos *teapartistas* em busca de um Estado estrito para a multiplicação de seus negócios, iam de mãos dadas. E incluíam também na foto, feliz, pela primeira vez como ator democrático, não por acaso, a problemática Polícia Militar paulista.

Também, no período de ascensão e queda petista, atacar com a máxima retórica, isenta de responsabilidade, em jornais, blogs ou revistas, o comunismo imaginado do governo, tornou-se um dos modos mais fáceis e oportunos de ganhar dinheiro no mercado dos textos e das ideias no Brasil. Era suficiente reproduzir a rede de ideias comuns e fixadas, com sua linguagem agressiva, indignada artificial, que sustentassem todo dia o mesmo curto circuito do pensamento. Simplificação espetacular e ponto certo no imaginário autoritário, jornalistas, articulistas, programas de televisão e de rádio e revistas inteiras passaram, durante anos, a ler as atividades do governo do ponto de vista extremo, limitado, do anticomunismo imaginário. Além de anacrônico, havia algo de verdadeiramente preguiçoso neste processo mental político. Antigos artistas, verdadeiros comunistas dos anos 1960 – os nomes são conhecidos de todos – se prestavam a vender opiniões imediatas, atacando faceiramente o aberto *stalinismo* dos governos de Lula e Dilma. Surgiram os muito duvidosos heróis intelectuais do gênero.

Embora a imprensa fosse absolutamente livre, a Polícia Federal, o Ministério Público e a Justiça trabalhassem como jamais no Brasil, e desde o segundo ano do governo Lula a cúpula petista estivesse sobre processo criminal aberto e acabasse de fato inteira na cadeia, durante anos homens muito inteligentes nos garantiam todos os dias nos jornais a natureza ditatorial fixada – alucinose – do governo petista.

O delírio interessado, farsesco, não conhecia limite, uma vez que se desobrigava radicalmente de checar realidades. O fato de, contrariando a opinião garantida destes estranhos pensadores, sempre dada por certeza, Lula não ter se aventurado por nem um segundo na busca de um terceiro mandato, como era previsto – bem ao contrário do comportamento de FHC quando na Presidência – também não os sensibilizou para os compromissos democráticos do Presidente petista. E, gradualmente, se abria mais e mais o espaço para este tipo de regressão, *wishful thinking*, da leitura da ordem da política, impingindo o delírio apolítico, trabalho mágico obsessivo, como a medida real das coisas brasileiras.

No limite, chegamos a conviver cotidianamente, em grandes jornais, com articulistas que atacavam qualquer ideia ou projeto progressista, de interesse coletivo, solidário ou, até mesmo, apenas meramente humanista. Os novos modernos anticomunistas liberais do mercado concentracionário brasileiro tangenciavam o fascismo, um tipo muito próprio de fascismo de consumo, como dizia Pasolini. Daí a emergência lógica de um discurso final, atual, baseado no mesmo jogo grosseiro de redução da política, da ideia apoteótica de extermínio definitivo do PT...

O fato do governo Dilma ser obrigado a convocar, algo contra a vontade, uma Comissão Nacional da Verdade, após o Brasil, no apagar das luzes do governo Lula, ao final de 2010, ser enfim condenado na Corte Interamericana de Direitos Humanos da OEA, também mobilizou a ira de velhos torturadores aposentados, amigos e parentes de torturadores e saudosos brasileiros de ditadura de todos os tipos, que, em tal panorama, puderam falar contra a tardia Comissão da Verdade da democracia brasileira, e o governo, sem sofrerem nenhum constrangimento de opinião pública, ou legal.

Como se sabe, tais homens bons foram cruelmente perseguidos pela sanha revanchista dos comunistas derrotados, que haviam tomado o poder de assalto em 2003 e, assim, estes homens bons estavam legitimados, pelos próprios interesses, a retornarem ao ideário de 1970, época em que torturavam, matavam e desapareciam com brasileiros... Era preciso manter a paranoia alimentada.

Os anticomunistas, agentes reais de ditadura, foram convocados pela mínima política reparatória forçada à esquerda, pois foram incomodados em suas aposentadorias especiais e premiadas. Pela estratégia geral da luta política contra o governo eles foram cinicamente tolerados.

Assim se produzia o campo extremo, algo delirante, em que a luta democrática antipetista encontrava a velha tradição autoritária brasileira. E, por isso, agora que o país, em seu neotranse, se levanta contra os comunistas inexistentes, em uma ritualização do ódio e da ideologia, elegantes socialites peessedebistas e novos empresários *teapartistas* convivem bem, nas ruas, fechando os olhos para o que interessa, com bárbaros defensores de ditadura, homens que discursam armados em cima de trios elétricos, clamando por intervenção militar urgente no Brasil e sonhando com o voto em Jair Bolsonaro. Não por acaso, em regime de farsa verdadeira, se vislumbrou nas passeatas de março o semblante das velhas marchas conservadoras de 1964.

Assim, todo o campo dos anticomunistas do nada, incluindo elegantes estadistas e cientistas sociais, prestou desserviço à qualificação do debate público brasileiro para a vida contemporânea, que ainda é seduzido e obrigado a pensar, por estes homens, regressivamente, com parâmetros vencidos de mundo, construídos em 1959. Este campo também é movido, em uma certa facção da elite que o anima, por uma verdadeira política *identitária de classe*, cujo lastro organizador de mundo é o ódio antipopular brasileiro.

Tal grosseria imatura e interessada seria simplesmente inaceitável por alguma vida política minimamente informada; se não se apoiasse em espetaculares erros reais do governo, que talvez, imaginariamente, entenda que a crítica às suas práticas graves seja apenas a ideia fixa delirante do anticomunismo do nada, e não um gradual e verdadeiro afastamento de suas bases políticas.

O anticomunismo atrasado brasileiro é regressão da política. Regressão aos argumentos de força e redução da diferença, e implica gozos baixos, do ódio que poderia se alçar ao sadismo, da simplificação da toda vida pública e social e do direito ao desprezo a respeito do destino da vida popular. É uma política do direito ao ódio fixado, frente à vítima escolhida.

Ele tende, como pode se observar facilmente no Brasil hoje, a reduzir a linguagem mediada dos problemas ao gesto de força, na panela, ou no corpo do inimigo.[2]

Assim tentei retratar o movimento, a retórica e a paixão da nova direita, em meio ao próprio tempo de suas crescentes passeatas nacionais de 2015. Se o quadro e o diagnóstico tiverem algum valor, sob a pressão do presente que o produziu, fica claro no texto como toda a ordem de força popular da chamada nova direita, incluindo setores sociais diferentes, estava baseada e ganhava força na não discriminação, na perda de limites simbólicos claros, entre uma supostamente existente direita moderna e democrática e uma explícita e apaixonada direita arcaica e autoritária brasileiras. Esta vinculação de novos liberais radicais, de tipo americano *tea party*, e velhos autoritários saudosos de ditadura, de tipo brasileiro *ordem e progresso*, se deu sob o signo geral, unificador de diferenças e ele mesmo referência a um passado imaginário de violências que tenta ser reativado, falsificado historicamente, do que tenho chamado *anticomunismo do nada*.

De fato os movimentos de 2015 e 2016 puseram na mesma rua sob uma bandeira comum, novos empresários liberais, ricos e socialites tucanos, antipetistas genéricos, classe média moralista anticorrupção, evangélicos conservadores e homens radicais de extrema direita, inimigos declarados dos direitos humanos, apologistas da violência policial e de Estado, desejosos de uma intervenção militar

---

2. *Dilma Rousseff e o ódio político*. São Paulo: Hedra, 2015, pp. 35-44.

entendida de modo onipotente e mágico. Esta convivência ampla em um mesmo espaço das várias direitas brasileiras, diferentes, que foram unificadas pelo movimento de massa da eleição – em que seu candidato antipetista foi vencido por 54,5 milhões de votos – e pelo mote estratégico – perverso, imputado ao campo adversário e recusado e protegido cuidadosamente no próprio, em um jogo evidente de dupla moral – do moralismo político anticorrupção, produziu esta forma de união em algum ponto do desejo político, e isto não se deu por nenhum acaso. Para vencer o campo social majoritário que acabara de ganhar de fato a eleição no país, em uma crise de paralização institucional e do governo, era necessária a união de todas as forças restantes no outro prato da balança nacional, forças que haviam sido derrotadas, mas por uma diferença pequena, de apenas 3% dos votos. A recusa aberta do resultado da eleição, uma surpresa política impensada até então, já sinalizava fortemente para a construção de uma postura radical de desejo e particularidade, na sua raiz já extra legal, como fonte legítima de ação política. Era necessário rapar o taxo da vida social representativa no limite de todas as forças encarnadas próprias da direita, para manter a força de uma recusa histórica extra legal. E a organização de novos grupos de direita, a intensa mobilização e construção de redes de repercussão e de influência na internet e a ação midiática geral espetacular, *neutramente a favor* das posições manifestadas nas ruas, logrou manter o campo unificado e mobilizado naquela ação política de fundo.

Qualquer ponto produtivo da *realidade* pública partilhada, discursivo, falacioso, mentiroso ou mesmo real, interessava também e foi mobilizado para a produção do campo oposicionista que ultrapassava os limites da legitimidade de uma eleição, em fúria, e por desejo, perante a oportunidade histórica de derrubar o governo petista em seu quarto mandato consecutivo. Ainda mais com a verdade de uma crise de corrupção real e imensa revelada, cujo valor foi inteiramente imputado ao governo, embora pertencente ao sistema geral da política, e os efeitos de uma crise econômica real e mundial, que finalmente alcançava o país, uma crise que podia ser aprofundada ao infinito com as próprias práticas radicais de paralização do governo em que a oposição se lançara, na busca ativa da construção do impeachment.

Na rua, era mesmo necessária a energia total do movimento popular da direita, que desse ares de amplo consenso para a violência política e institucional que de fato se buscava produzir. Dos desejosos de impeachment, aos de intervenção militar ou de retorno da monarquia, todos eram muito bem vindos. Deste modo, a socialite cosmopolita de havaianas brasileira tida por moderna deveria *ir de mãos dadas*, e de olhos bem fechados, com o ex-torturador autoritário que se sentira lesado pela política reparatória mínima dos governos de esquerda – de populismo de mercado interno de Lula e de desenvolvimentismo de Dilma. Invertia-se o valor amoroso, o conteúdo da promessa social, da imagem clássica de união e solidariedade do poema moderno de Drummond. E realizava-se a aproximação da direita mais dura por velhos peessedebistas, preconizada alguns anos antes por Fernando Henrique Cardoso.

Isto se deu deste modo por necessidade da produção de poder. Assim foi porque assim se produzia a energia política máxima de um movimento que devia aparecer como *de massa*, *como sendo a opinião pública* e que também necessitava, em um nível importante de produção de política, da força *de uma paixão*, de um *pathos* próprio, um *delírio ativo*, unificador e produtivo, que tivesse força de mover o desejo amorfo do todo. Era a produção daquilo que Fernando Henrique Cardoso, como um verdadeiro marqueteiro político, chamou de *teatralização que leva à emoção*, ou seja, os rituais simbólicos de grupo e de massa que expressam, sustentam e produzem a *emoção*, o *pathos* ou a energia política viva, que gera a disposição para a ação – no caso, passear domingo à tarde com fascistas brasileiros na Avenida Paulista, como se todos fossem pessoas honestas e boas, diante do inimigo maior e mais monstruoso do que o próprio fascismo nacional tradicional, que se reapresentava desde um passado necropolítico mal recalcado para um presente re-encantado pelo próprio transe.

Este movimento social, com sua representação política em figuras nefastas e criminosas da democracia, como o peemedebista evangélico de direita, fascista de consumo, deputado Eduardo Cunha, que para muitos levou a uma quebra institucional, para outros fabricou um impeachment artificial e para outros ainda escancarou a falácia dos jogos de força e lei em uma democracia capitalista contemporânea, simplesmente firmou e legitimou a voz do fascista nacional no espaço público, ao utilizar-se plenamente dela, dando solução de compromisso ativa entre os novos liberais do mercado total e os velhos autoritários antissociais brasileiros, em busca de violência real na vida política e social. Os fascistas foram de fato convocados e utilizados, pelo campo político interessado, como grandes produtores de mentiras históricas e de energia passional disponível para a passagem ao ato que são. De resto, foi a velha aliança ditatorial entre autoritários arcaicos da formação nacional antipopular e liberais interessados na máxima exploração da vida produtiva brasileira, a mesma que de fato sustentou ideologicamente o regime civil militar de 1964-1985, que foi reeditada e rediviva nesta nova festa pública da direita apoteótica pós-moderna brasileira, que até então, por dentro do jogo vigente, apenas perdera quatro eleições consecutivas.

Em um importante trabalho apresentado em 1995 na Universidade Columbia a respeito dos elementos fixos da mentalidade e do comportamento político fascista, do que chamou de Ur-Fascismo, com o seu forte caráter politicamente *transcendente* de formas de produzir sentido que neguem radicalmente o processo e o valor da história, Umberto Eco apontou também o vínculo eletivo temporalmente especial entre classes médias, direita e fascismo que estou tentando evocar aqui como tendo acontecido no processo recente brasileiro, da derrubada do último governo petista. Assim ele descreveu precisamente este ponto:

O Ur-Fascismo provém da frustração individual ou social. O que explica por que uma das características dos fascismos históricos tem sido o apelo às classes médias frustradas, desvalorizadas por alguma crise econômica ou humilhação política, assustadas pela pressão dos grupos sociais subalternos. Em nosso tempo, em que os velhos "proletários" estão se transformando em pequena burguesia (e o lumpesinato se auto exclui da cena política), o fascismo encontrará nessa nova maioria seu auditório.[3]

Seguindo esta razão social das coisas da emergência do fascismo, os jogos de pressão e de poder entre a vida imaginativa, as realidades sociais históricas e as relações diretas entre as classes, que de fato se expressaram fortemente

---

3. https://bit.ly/2MhbAUM.

no Brasil da derrubada do pacto social de alto e baixo lulopetista, podemos chegar a dimensões psíquicas importantes da estruturação de toda posição fascista de ação política. Em seu ensaio Eco elenca os pontos de constituição da posição fascista na vida psíquica e sua produção política – culto da tradição, recusa da modernidade, irracionalismo e culto da ação pela ação, ódio à crítica, recusa da diferença, busca de unidade identitária, sentido de humilhação e indignação social pela história, antipacifismo, elitismo, heroísmo, populismo qualitativo e produção de *novalíngua* – e, dentre eles, aquela referência à dinâmica histórica das crises, e seu efeito subjetivante, que dispara a articulação de poder produzida entre as classes *que dá poder ao fascista*. Esta produção histórica determinada envolve violências imaginárias na sua raiz, risco e humilhação, que já se estruturam como gesto de poder, desejo de reescalonar as diferenças e marcar pela força real os lugares desejados de poder.

Do mesmo modo, a emergência da condição psíquica do fascista e de seu grupo em meio à ordem conservadora de classe que agora o aceita no Brasil, gera e produz poder para o próprio projeto geral de direita. Noutras palavras, as classes médias de direita, e o senhorio economicamente mais forte que deve chegar ao poder através do movimento, *usam* os fascistas, dispostos a tudo pela ordem de um psiquismo delirante em seus motivos transcendentais, plenamente voltados ao direito à ação, ao prazer imediato do desrecalque da violência na política, enquanto, no mesmo movimento, os fascistas *usam* as classes médias para conquistar um invólucro politicamente aceitável, uma estrutura de defesa que proteja a sua real ilegitimidade, posição verdadeiramente ilegal em um Estado de direito, para poderem ocupar e agir no espaço público, espaço que, sem esta solução de compromisso entre vida social média e terror baixo, tenderia a rechaçar a presença fascista.

Como na formação de um sonho freudiano o elemento neutro da imagem do sonho, indiferente, serve à estruturação defensiva do sonho para que nele possam se disfarçar e aparecer as matérias relevantes e carregadas de intensidade pessoal que dá de fato energia para o sonho – o neutro visível, e o intenso invisível, formam igualmente o sonho – no desrecalque social de uma direita de classe média tendente ao fascismo, o grande cinturão de massas *neutras* e *de direita*, honestas e normais, se articula, protege, oculta e dá existência simultaneamente ao núcleo fascista ativo, à extrema direita, que com sua convocação delirante política gera o *pathos*, a energia política necessária, para que o próprio homem comum desmobilizado e medíocre enfim saia da frente da televisão e se mova.

A energia produzida pela ação simbólica e pública dos pequenos fascistas pós-modernos é extrema e pode ser deslocada, por ter origem em um sistema de razões absolutamente irresponsável, fundamentalmente uma produção de força política comprometida com a mentira na sua raiz, um cinturão significante que pode ser abandonado por outro a qualquer momento, por ser totalmente falso. Falso na forma, e real na energia, este é o segredo e a contribuição formal do fascista ao todo do movimento da direita. Estudando as estratégias discursivas da extrema direita brasileira na internet, e seu modo de ser afetivo e cognitivo para a política – para o desenvolvimento de um documentário que realizo com Rubens Rewald sobre o fenômeno – foi possível observar *a criação de uma ficcionalização radical da história*, um sistema fabular fantástico e autônomo, que escolhe mínimos pontos de contato com fatos reais, os isola e hiper--investe, para fazer emergir o conto político fantástico interessado como a verdade do processo histórico. Esta construção de narrativas ficcionais, e de processos intensos de vivência imaginária desta história fabulada, tem a característica importante de pressionar o sujeito, de fato assujeitado a esta produção, a um *sentido de urgência*, da *iminência da destruição do mundo e da reação necessária da guerra redentora*, que por um ato de violência total e de sacrifício da parte má da vida social deve finalmente reconquistar a estabilidade, a ordem e a paz, que seriam os motivos desejados no horizonte de toda esta excitação política verdadeiramente deformada.

Ficção, imaginação aterrorizada pela presença do objeto mau, iminência da catástrofe são os fundamentos psicopolíticos que se desdobram em ato contínuo, necessário, urgente, legítimo, irreprimível porque portador dos valores perdidos de toda a civilização já destruída pelo inimigo, do gesto de força, da guerra e do sacrifício social. Assim trabalhou politicamente, e convocou psiquismo e razões fabuladas, para esta forma primitiva de *sonhar pensar* a vida, e de exigir da política uma resposta imediata, a extrema direita brasileira contemporânea, que encontrou no imediatismo e na representatividade direta da internet, de plena aceitação de linguagem superficial ao extremo, um amplo campo de liberdade e de matéria tecnológica a favor de sua própria performance política alucinada.

Este é o movimento geral, da estrutura do continente psíquico e da lógica produtiva de sentido, que se produziu e se reproduziu no espaço público da extrema direita na internet ao longo de anos – que certamente já estava mobilizada, mas era ainda mínima, para os ataques organizados e as manifestações que ocorreram contra os trabalhos da Comissão Nacional da Verdade, no ano de 2011 e 2012. No ano de 2013 se deu o *breakdown* entre uma estrutura de pensamento político e busca de ação ligada às ruas, de movimentos sociais independentes, e o governo, um movimento originalmente disparado pela esquerda autônoma e propositiva de ações socializantes mais fortes a favor da classe trabalhadora, notadamente a demanda por transporte social gratuito nas grandes cidades brasileiras. Esta ruptura simbólica ampla, que se tornou uma semana de eventos críticos com massas na rua frente ao déficit de qualidade social dos governos brasileiros, iniciou a quebra do encantamemto da hegemonia política simbólica lulopetista e abriu o espaço público para dois movimentos estruturantes novos do campo da nova direita: a tomada das ruas como espaço de atuação política à direita, pela primeira vez no período democrático, e a aceleração do trabalho de fabulação, em muitos níveis, mais ou menos irresponsáveis ou reais, sobre o sentido da experiência do governo de esquerda, culminando com a luta simbólica diante da crise econômica e, em um segundo momento, a crise de corrupção, para a derrubada da sequência de governos petistas no Brasil.

Qual era a fabulação limite da extrema direita, construída coletivamente em espaço de velocidade e irresponsabilidade gozosa total, ao longo dos anos de 2010 a 2015, em grupos e chats na internet, e que alimentava a disposição extremada para a ação, produzindo energia real para o movimento mais amplo da nova direita no Brasil? Nestes casos sociais de produção de sintoma e regressão ativa como força política real, o movimento detalhado do próprio material narrativo onírico, fixado, é tão importante quanto suas razões gerais de fundo. Segundo a extrema direita espalhada em centenas de comunicações e grupos de internet – em um discurso comum que era falado, ou falava, pessoas como Olavo de Carvalho, velhos militares de pijamas, jovens empresários brasileiros em Miami até o ex-rockeiro libertário Lobão... – o processo político histórico lulopetista era essencialmente o seguinte: *desde a existência de um encontro de partidos e políticos de esquerda latino americana acontecido em meados da década de 1990, chamado Foro de São Paulo, se estabeleceu um plano amplo para a tomado do poder pela esquerda em toda a América Latina, visando a criação de uma grande pátria unificada socialista, cujo nome primeiro era Unasul; Lula e o PT eram agentes avançados desse processo e estavam em contato com forças revolucionárias e movimentos de guerrilha latinoamericanos, como as Farc da Colômbia, de modo a investir e ajudar no processo revolucionário mais amplo, e importá-lo para o Brasil; o vínculo com o intervencionismo chavista na Venezuela era real, orgânico e meta final do lulopetismo no Brasil; as mínimas políticas de reconhecimento e identitárias contemporâneas do governo visavam a criação de uma hegemonia política e cultural da esquerdas no país, com vistas a facilitar a revolução comunista que estava no horizonte próximo; as mínimas políticas de recebimento de imigrantes pelo Brasil, refugiados haitianos, palestinos, africanos e os médicos cubanos convidados pelo programa mais médicos do governo federal eram na verdade a real importação de um exército guerrilheiro internacional, que receberia armas enviadas pelas Farc e pela China pelas fronteiras desprotegidas do país para fazer a guerra revolucionária no Brasil; os acordos comerciais com a China e uma plataforma genérica de intenções para a construção de uma estrada de ferro ligando o Brasil ao Pacífico eram na verdade um acordo de submissão e entrega do*

Brasil à China, que, após a revolução comunista lulopetista, entregaria o país a milhões de chineses que chegariam através da estrada de ferro prevista, que ocupariam as nossas casas; armas estavam entrando no país e sendo estocadas em fazendas do interior, para alimentar o exército do MST *e dos guerrilheiros estrangeiros trazidos ao país pelo governo; a presidente Dilma estava prestes a deflagrar a ofensiva revolucionária do governo; o roubo e a corrupção petista era de fato a produção de dinheiro necessário para a guerra revolucionária em curso; o exército brasileiro era a única alternativa real e eticamente solida para barrar a revolução comunista iminente, e já em curso, que corroeu as instituições, a cultura e a política brasileira visando a desestabilização para a constituição de um país socialista; a corrida contra a iminência do ataque comunista era urgente e o exército brasileiro, única salvaguarda moral e institucional disponível, interviria e não permitiria a destruição da nação pela revolução esquerdista; a intervenção militar era iminente, e todos deveriam se preparar para ajudá-la politicamente e sustentá-la nas ruas e nos espaços públicos necessários; a guerra de salvação nacional aconteceria a qualquer instante, e de fato ela já estava acontecendo...*

É possível perceber claramente com o desenvolvimento da ficção política paranoica apocalíptica da extrema direita – a ilusão unificadora de um grupo, como dizia Winnicott – tomada por real e produtora de ação política real, os movimentos psíquicos mais íntimos da nova ordem pequeno fascista da política entre nós. Com base em um único ponto da história – a existência de uma reunião retórica de partidos e movimentos de esquerda nos anos 1990, que não tinha nenhuma correspondência com o sentido da ação política do governo lulopetista, essencialmente um governo de desenvolvimento e expansão do mercado de consumo interno brasileiro e de pacto desenvolvimentista com o grande Capital nacional – tomado por abstrato e desligado de todo o resto, com a fetichização negativa forte da ideia antiga de comunismo, produz-se toda uma narrativa fantástica, que utiliza os elementos escolhidos da história e só eles, como a vinda dos médicos cubanos para o Brasil por exemplo, para a geração de uma pressão subjetiva presente, uma pulsão para a guerra e uma disposição odiosa para a ação. Deste modo há ruptura radical com os circuitos de entendimento ordenados e acordados da história, recusa da sua existência, como o fato do governo petista ser pró-mercado por exemplo. Este descarrilamento dos termos historicamente orientados leva a um escorregamento do pensamento rumo ao passado, uma atração pelo passado, de fato um passado imaginado desejado para uma estratégia política visando o presente, o anticomunismo do século XX e da Guerra Fria dos anos 1960, passado arcaico e delirante tido como a verdade do presente e poroso a uma pressão desejante urgente, com a configuração de um discurso paranoico final a respeito da ruína iminente do que se tem por civilização e a inevitável guerra total, reparadora, que tal degradação civilizatória necessariamente provocará.

Assim são três os movimentos psicopolíticos em jogo, configurando de fato uma única produção de força e atuação delirante: recusa dos elementos históricos complexos do presente, regressão imaginária radical a um modo antigo de ordenar a história, que já é a escolha paranoica e de ódio e pressão urgente por ação de violência, sacrifício e restauração da civilização. Este sistema de delírio da extrema direita, que em sua raiz e de modo total já justifica toda ação da *pós-verdade* da direita em geral, tinha a função de pressionar e forçar, transferir sua energia política, por uma ação imediata e sem respeito algum pelo campo adversário, a todo o amplo movimento da nova direita brasileira, que de um modo ou de outro participou deste tipo de paixão, cujo próprio delírio de caráter sádico socialmente sustentado já era realização sintomática, regressiva, do prazer imaginário da liquidação do mal e do inimigo. Em um degradê de posições mais ou menos estruturadas, que consideravam mais ou menos pontos históricos, todos se utilizaram da energia política e do delírio intenso, para a produção de política e pós-verdade, da qual a extrema direita é uma espécie de fonte pura do princípio da coisa. Daí os gritos, estertores de ódio, violência comezinha e grosseira nas ruas, panelas batendo, pela deslegitimação urgente de um campo político que botava toda a civilização em risco... Tal regressão satisfeita a práticas políticas de pequeno sadismo, como ocorre em todo movimento fascista, era também baixa produção de prazer, legitimada pela idealização sublime de se estar salvando o país e o mundo do mal absoluto. Este é o sentido preciso da ideia de regressão, e da política como produtora de regressão, utilizada aqui.

Além das tradicionais formas transcendentes de uma configuração psicopolítica delirante, fetichista, paranoica, rumo ao passado e à evocação de alguma falsa tradição, já bem indicadas por Umberto Eco na lógica do Ur-Fascismo, a direita e a extrema direita brasileiras têm sua produção subjetiva e política, biopolítica, fundada na longa tradição nacional do direito à exclusão radical dos direitos e da riqueza de amplas massas de brasileiros, que não precisariam receber nenhum reconhecimento da nação. De fato, historicamente nossas direitas sempre trabalharam com a exclusão social tolerada, produzida e desejada – a diferença da direita para a extrema direita é a firmação ou não de tal gozo: a extrema direita o afirma, a direita o nega, mas pratica – com os correlatos racismo, direito à ação violenta, aceitação inquestionável do poder hierárquico ou econômico com adesão imaginária a ele, e ação simbólica radicalmente desistoricizada e autorreferida.

Conforme nossa longa tradição original escravocrata, uma parte significativa do mundo do trabalho no Brasil não tem legitimidade e nem necessita ser inscrita e reconhecida plenamente no plano dos direitos e da vida material social. Nossa direita, e isto é um fato ideológico único em qualquer nação industrial desenvolvida, pode desprezar e excluir ativamente massas de trabalhadores brasileiros, pobres e negros em sua maioria, do processo da produção e acumulação de riqueza nacional. Este elemento simbólico forte, o desprezo antipopular e o ódio pelo povo brasileiro e pelos pobres, é uma força particular única da direita brasileira, que acrescenta um ponto a mais, que diz respeito à história particular de nossa formação moderna como sociedade escravocrata, nas posições de abstração da história e de regressão elitista, anticrítica e anti-intelectual, pronta para a passagem ao ato, de toda formação fascista. E este elemento histórico forte, o desprezo radical pela vida popular e pobre nacional, também é o responsável pela nossa sólida ideologia de ataque contra os *direitos humanos universais*, e hoje, pelo ataque *a toda a vida crítica e intelectual* brasileira.

O PT, e o governo Lula, que ousaram dirigir o processo histórico brasileiro para uma expansão de mercado e riqueza com um grau mínimo de partilha com os muito pobres, foram deslocados pela extrema direita para este lugar único no mundo político contemporâneo: o ódio de uma elite nacional por seu próprio povo. Com a força desta paixão arcaica se conseguiu deformar todo o processo democrático brasileiro, e se pôs no poder um radical governo de tipo neoliberal, real representante do sistema da corrupção de Estado brasileiro, que em poucos meses atingiu os direitos da classe trabalhadora no Brasil de modo que, em anos de processo eleitoral e governos sucessivos, a direita jamais conseguira realizar. É o sentido de urgência, delirante e antidemocrático, transferido da extrema direita para o governo antipopular vencedor, e do governo antipopular para todo o campo da nova direita brasileira.

Democracia de extermínio?

Há poucos dias Ricardo Silva Nascimento, um carroceiro reciclador de lixo, negro, foi friamente assassinado pela Polícia Militar paulista, com um tiro no corpo e dois na cabeça, ao pedir comida em um restaurante do bairro de classe média de Pinheiros. A mesma polícia paulista que o matou alterou as provas materiais do local, na frente de todos, retirou o corpo ilegalmente e apagou à força celulares de quem filmou o crime. Quando a tragédia de incompetência e desumanidade aconteceu, uma mulher que estava no supermercado em frente à cena gritou: "Tem que matar mesmo", legitimando como opinião o assassinato e revelando o nosso mal geral como um universo de problemas muito amplo.

Não é possível negar que o Brasil passa por um momento grave. Um dos aspectos que vai se tornando claro de nossa crise que se aprofunda é o incremento de violência social, e de Estado, sustentada por um espírito extremado que ganhou nova representação e estranha presença pública dita democrática nos últimos tempos. O processo político e social brasileiro dos últimos três anos, que determinou a atual composição insólita do poder entre nós, tem vínculo com o grau de dissolução e de negação de princípios civilizatórios fundamentais, de fato básicos, de que nos aproximamos, e passamos a viver cotidianamente, nas bordas da lei. O modo com que se produziu no Brasil a tomada do poder executivo por um grupo muito duvidoso, sem o ato real de legitimidade das urnas, através da construção de um impeachment, que também pode ser lido como um golpe de novo tipo no processo institucional democrático, liberou e se utilizou de forças sociais arcaicas brasileiras, abertamente comprometidas com a violência como prática social aceitável, forças que se imaginava terem sido superadas na busca de consensos médios da sempre defeituosa democracia nacional.

Os processos da política pública e do incremento da violência social como política estão ligados. Na representação social dos interesses que chegaram ao poder em 2016, na construção da opinião pública anti-governo Dilma e na mobilização popular de grandes estratos da população brasileira no ano que antecedeu o impeachment foi possível observar um movimento político estratégico importante, que restaurou e usou posições políticas extremadas, simplesmente falsas e irracionais, da tradicional direita autoritária brasileira, trazendo-a à cena de um momento de contemporaneidade no qual, de fato, ela tem pouco a dizer, mas, de fato, bastante a atuar, como ação direta de violência social primitiva, sacrificial, tendente à exceção. Tal movimento, falsamente democrático, de condescendência com o autoritarismo antissocial brasileiro, reintroduziu e se utilizou abertamente da força do ódio na política, que foi cinicamente tolerado como meio de interesse mais amplo, como todos pudemos claramente ver desde então.

A democracia que se viu abalada politicamente, com a falsa solução parcial antipetista para a crise do sistema geral de corrupção da política brasileira, se viu abalada novamente na construção de um ataque forte a direitos firmados na constituição de 1988 a partir de um pacto de alinhamento pró-capital, produzindo uma nova recusa dos direitos que determinavam o horizonte e os parâmetros civilizatórios a serem buscados pelos governos brasileiros, os parâmetros da lei simbólica coletiva, que diziam respeito ao que se deveria sonhar como sociedade. E, em um movimento contínuo, a democracia também se vê abalada constantemente pela ampla emergência de violência social real de tipo tradicional e conservadora, cada vez maior, que atua diretamente no mundo da vida contra princípios de humanidade e de direito vigentes. Ataques a espaços de direitos, como o direito de tradição iluminista da liberdade de cátedra ou o direito indígena, constituição de milícias autoritárias, ações cotidianas de constrangimento, afirmação de racismo, homofobia e demofobia, ataques policiais gratuitos ou forjados à manifestações democráticas de direito contra o estado do poder, tolerância com graves ilegalidades policiais, em geral antipopulares, se tornam práticas políticas presentes na vida brasileira de uma democracia que, vista daí, apenas se degrada. Este tipo de vida política, que tende à ação sacrificial que retorna em momento de crise aguda, que marca a vítima para reintegrar a comunidade imaginária na afirmação do poder direto, tendente à exceção, é um dos subprodutos da saída às ruas de massas brasileiras à direita, para a derrubada do governo eleito em 2014. De fato, nas manifestações pró-impeachment vimos moralistas políticos, falsos moralistas seletivos, liberais verdadeiros, neoliberais autoritários e tradicionais autoritários antissociais brasileiros caminharam de mãos dadas, espetacularmente, em nome de causa mais nobre do que as próprias diferenças.

    O processo de força social à direita, que para muitos produziu uma real violência institucional, foi acompanhado desde sempre de modo grave da afirmação e da legitimação de práticas de violência real como alternativa à crise do sistema da política e da economia mundial que envolve o Brasil. Não é estranho que agora, no momento de máxima descaracterização da legitimidade de um governo que, tomando o poder contra a corrupção da política – mesmo que em um jogo movido por homens sabidamente corruptos –, se revelou completamente enredado em corrupção como não poderia deixar de ser, há ainda um aumento da pressão social conservadora pelo direito à violência anticidadã e antipopular. Tratou-se, em termos amplos, como fitas vazadas na televisão já disseram claramente, da produção de um espaço político real orientado por aquilo que os psicanalistas chamam de lógica perversa, que diz que a lei que vale para o outro não vale para mim, no qual se manipula e se constitui poder por esta diferença. Esta é também a fonte de todo movimento contemporâneo da construção de pós-verdades, da real e satisfeita cultura política da mentira, que é igualmente ato radical de violência contra a ordem de sentidos acordados, em nome do desejo exclusivo do poder. Assim, do mesmo modo, no mesmo campo, é coerente que já se fale agora em alterar as regras do jogo institucional, duplicando e configurando o golpe antidemocrático em definitivo.

Desta perspectiva mais radical, a crise estabelecida pelas próprias elites brasileiras na gestão de um país destruído por elas próprias deve ser paga pelo sacrifício social dos pobres e dos excluídos, em uma espécie de solução parafascista para a nossa real incompetência histórica. Um sacrifício que se dá tanto na exclusão da produção de direitos, na qual os pobres não se representam, quanto na exclusão real no mundo da vida, onde violências ilegais, de Estado ou não, acontecem mesmo com liberdade. Não podemos nos esquecer nunca do tradicional e não regatado fundo de cisões sociais e do direito ao sadismo antipopular de nossa formação de quatrocentos anos de espaço social escravocrata, colonial e nacional, que, como fantasia política de fundo, ainda modula o desejo de extermínio, tortura e suspensão dos fundamentos da democracia próprio de nossos autoritários, ressuscitados hoje pelo que há de pior no Brasil, que também estão no poder.

Os atos de violência de Estado, covardia e incompetência técnica e social, como a morte banal de Ricardo Nascimento, ou a água fria jogada em miseráveis em um dia gelado em São Paulo, realizados por agentes públicos e a serviço do público, representam a tomada do poder e a guinada do Estado para a visão bárbara, ilegal e abertamente contra os direitos humanos universais firmados pelo país, de setores da nova velha direita nacional. É também o mesmo movimento de mentalidade que multiplica de fato as ameaças aos direitos democráticos com o sonho, pesadelo, da eleição de um ex-militar de extrema direita, defensor declarado de ditadura, de tortura, de armamento da população e de assassinato de adversários políticos. Assim faz sentido que ao final do ato de reação democrática e cidadã contra a violência de Estado – quando da missa de sétimo dia do carroceiro Ricardo na Catedral da Sé, que estava cheia, na qual os bispos auxiliares do Cardeal de São Paulo denunciaram a real política de execução do brasileiro pobre que acontece hoje no Brasil, durante as manifestações dos vários grupos de direitos humanos que lá estiveram em conjunto com o povo da rua que acorreu à cerimonia –, tenha surgido um grito popular espontâneo, de chamada à responsabilidade e de nomeação de algum responsável pelo que de fato está ocorrendo entre nós em relação aos direitos fundamentais à vida. A população ali presente gritou, para quem quisesse ouvir: "Geraldo assassino", sinalizando com clareza o nível de barbárie com que a política social brasileira está se confundindo.

Não haverá pós-verdade que possa apagar o sentido dos atos de crueldade que a tomada do poder pelo vínculo de neoliberalismo e autoritarismo brasileiro estão produzindo no país hoje, na degradação real da democracia em um campo de liberdade para a força direta e para o mal, regressivo e incapaz de dar conta verdadeiramente da vida contemporânea.

O Carnaval da Tortura

I

Vivemos tempos estranhos e de risco. Risco de degradação do espaço democrático de direito no Brasil. E produtores desta degradação podem ocupar cargos de responsabilidade de Estado.

Na última semana a juíza Daniela Pazzeto Meneguine Conceição, da 39ª Vara Cível do Tribunal de Justiça do Estado de São Paulo, negou o pedido em caráter liminar do Ministério Público de São Paulo para que o desfile do bloco de carnaval "Porões do Dops" fosse suspenso, caso o bloco insistisse em usar esse nome e fazer aberta apologia da tortura e do terror de Estado no Brasil. O grupo organizador do bloco, Direita São Paulo, ameaça homenagear o coronel Carlos Brilhante Ustra, reconhecido como torturador em Ação Declaratória de Culpa pela Justiça brasileira, e o delegado Sérgio Paranhos Fleury, torturador explicitamente nomeado pela Comissão Nacional da Verdade.

É absurdo, e diz muito da época, termos que lembrar os fatos legais de fundamento de civilização que este ato de promoção de violência deseja negar. O Brasil é signatário da Convenção Internacional da ONU para prevenção ao crime de tortura, bem como do Protocolo adicional à Convenção, de 2007, que projetou a existência de um Sistema Nacional de Prevenção à Tortura, que funciona no país desde 2015.

A Lei Federal 9455/97 especifica e criminaliza a omissão diante de casos de tortura, seja ela realizada por cidadãos comuns seja por agentes de Estado, crime passível de pena de detenção de um a quatro anos (Art. 2, parágrafo primeiro). Um agente de Estado, por lei, e por justiça, tem o dever conspícuo de evitar que o crime de tortura aconteça. Pela liberdade de expressão do que fere o direito de todos, a juíza se omite ante esta responsabilidade universal, entendendo que o perverso direito de folia sobre matéria humana grave se sobrepõe à defesa da vida.

Na prática, ao negar o pedido do Ministério Público, a juíza legitima a relativização da interdição simbólica do crime pela coletividade, primeiro passo para a sua efetivação. Mesmo os militares brasileiros do período ditatorial jamais assumiram a tortura como prática, nem a defenderam. Não o fizeram para evitar a associação oficial à imoralidade humana radical do crime, universalmente condenada.

A ONU, e o Brasil que assinou sua Convenção, entendem que o crime de tortura é um crime de oportunidade, quando não de terror de Estado. Ele ocorre em locais e situações onde a supervisão social não está presente. Daí a necessidade de que os espaços sociais de restrição de liberdade tenham "paredes de vidro"; de modo que a lei coletiva os adentre praticamente, como luz, impedindo o ato de violência covarde. Muito mais que buscar carrascos e sociopatas, que são efetivamente criminosos, entende-se que a condenação coletiva da tortura é que realiza a prevenção. Relativizar a condenação coletiva do ato de tortura representa imediata possibilidade de propagação da prática.

Trata-se de um ultraje à democracia e à garantia dos direitos de todos. O crime de tortura é mundialmente compreendido como crime de lesa-humanidade. Ele fere o cerne do que nos une, nossa condição humana: se um de nós passa por isso, estamos todos feridos. Todos os participantes e organizadores do ato abjeto e hediondo devem ser responsabilizados, assim como aqueles que relativizam e facilitam a existência do crime bárbaro de tortura entre nós.

Tales Ab´Sáber e Aldo Zaiden

II

Este pequeno texto foi escrito por mim e por um colega psicanalista com importante atuação pública e governamental no espaço dos direitos humanos e enviado a um grande jornal de São Paulo, para ser publicado na sessão de debates, nas vésperas do carnaval de 2018. Não recebemos nenhuma resposta, nenhum comentário, nenhuma mínima sinalização sobre o destino do texto. Afora a incompetência rebaixada, de desconsiderar agentes sociais legítimos e matéria social grave de modo sumário e mal-educado, o caso de conivência cultural com os elementos de barbárie da nova direita brasileira pelo jornalismo da grande mídia brasileira não é um acaso.

Toda crítica da violência liberada nas ruas, e nas ações de repressão da política do próprio governo de direita pós-impeachment, em geral, esteve ausente das páginas frias e calculadas dos jornais brasileiros no período. Jornais e revistas preferiram se concentrar nas tarefas de desmontagem dos direitos do trabalho e de aposentadoria, para qual o governo instável e autoritário da nova direita brasileira foi de fato escalado. Todos pareciam saber, em um acordo tácito, que a ordem de violências ativadas no mundo da vida fazia amplamente parte do processo do choque conservador e neoliberal, tudo o que importava. E como bons liberais, que não podem se misturar com o serviço sujo dos fascistas na política, mas contam com ele, era melhor não tocar nesse assunto.

Críticas à violência, aos desrespeitos aos direitos humanos, à mentira excitada e constante dos grupos civis de extrema direita envolvidos no impeachment, restaram isoladas do todo do sentido da cultura política, como uma espécie de mania reificada da esquerda cidadã. Preferia-se deixar as coisas da degradação da vida pública da política correr, legitimar a possibilidade ridícula de um presidenciável de extrema direita e garantir o direito ao uso da violência direta do poder para o Capital, se assim for necessário. E junto com o elogio da tortura e violência política direta, vem o silêncio dos grandes produtores de notícias oficiais. O elogio grosseiro da Ditadura e da tortura no novo tempo de transe brasileiro era efeito colateral, necessário, da mobilização da vida social para a garantia do novo poder de governo bem posicionado contra o trabalho, no Brasil.

O texto, que é relevante sobre a ordem de riscos que a democracia brasileira corre de fato, se é que se pode falar, neste estado de coisas, em democracia, não deixou de ser publicado pelo desprestígio dos autores – os dois já publicaram muitas vezes, e foram entrevistados outras vezes, pelo próprio jornal em questão, e um deles foi Coordenador Nacional de Combate à Tortura, da Secretaria de Direitos Humanos do governo Dilma Rousseff. O texto não foi publicado pelo verdadeiro desprestígio da matéria, de interesse democrático universal, mas algo desinteressante nos novos tempos brasileiros.

III

No dia 3 de abril, um dia antes do julgamento do direito ao habeas corpus de Lula no Supremo Tribunal Federal, meu amigo Aldo Zaiden, psicanalista, trabalhador pelos direitos humanos no Brasil, foi espancado por um grupo de extrema direita em São Paulo. Ao encontrá-los na padaria da esquina de sua casa, vindos de uma manifestação anti-Lula e "pelo fim da corrupção" no Brasil, Aldo lhes perguntou se eles se manifestavam também contra a corrupção de Aécio Neves e de Michel Temer. Foi o suficiente para o grupo partir pra cima, aos gritos de petista canalha. Um deles usou uma arma de choque – proibida no Brasil, por risco de morte –, o que derrubou Aldo, que é um homem grande. Quando ele caiu no chão, o bando, cerca de seis pessoas, incluindo duas mulheres, começou a chutá-lo. Pessoas presentes e segurança intervieram, e afastaram o grupo, selvagens políticos do tempo, do psicanalista cidadão. Uma das mulheres do grupo, colocou o celular na cara de meu amigo, provocando-o, e dizendo: "Esse é o petista que bate em mulher". No dia seguinte a sua imagem estava no Instagram dela, e ele passou a ser ameaçado de morte na rede e em telefonemas anônimos.

O grupo que espancou Aldo Zaiden, na véspera da decisão sobre a prisão de Lula, portava camisetas com o dizer Direita São Paulo.

O Estado não está sendo favorável à vida no Brasil

ENTREVISTA A AMANDA MASSUELA, REVISTA CULT

AMANDA MASSUELA: Você afirma que há uma política da inimizade instalada no Brasil. Pode explicar esse conceito?
TALES AB'SÁBER: A política da inimizade é uma formulação do filósofo camaronês do campo crítico ocidental do *pensamento negro* Achille Mbembe para as longas tendências políticas agressivas e excludentes, ligadas também à ideia de uma *necropolítica*, a política como soberania a respeito da decisão sobre *a morte* do outro, que durante muito tempo se convencionou também, em um processo de metaforização de movimentos históricos concretos de organização massiva da violência, chamar de *fascismo.* Mas também, com uma dose de anacronismo no jogo de palavras, o fascismo, ou a necropolítica, ou a produção histórica da inimizade universal, já presentes em toda a origem da vida capitalista a partir dos trânsitos comerciais mundias dos séculos XVI e XVII, como *colonialismo*.

O Ocidente tem uma longa história de *política da inimizade*, uma história profunda, que em uma de suas facetas se confunde com a história do colonialismo, o termo político sistêmico da emergência de todo capitalismo mercantil moderno, desde a origem globalizado. É um campo muito amplo de pensamento político, e de ação política que tende à violência direta, reduzindo o espaço entre os direitos e a decisão a respeito da exclusão e morte do outro. O que importa como dado histórico escandaloso é que nos últimos três anos vimos a democracia travada ou danificada brasileira se degradar e passar a ser pautada, distorcida ou performada, como se queira, pela violência na ação explícita das forças que produziram o impeachment, ou o golpe, dependendo de onde se vê.

De fato, tais práticas geraram força para a produção de política, o que em si mesmo é uma degradação da estrutura simbólica de orientação das coisas. Não por acaso, hoje temos pessoas absolutamente fora dos sistemas de legitimadade simbólicas públicas historicamente reconhecidos – o sistema mundial das universidades – dizendo o que tem que ser feito da educação, por exemplo, os tais Escola sem Partido. São pessoas que simplesmente vêm de sua família, da sua religião, da sua igreja, dos rituais e práticas mais comuns de sua classe e tentam enquadrar todo o campo simbólico do outro, e a própria vida prática e ética. A política da inimizade também cria inimigos ao seu espelho. É a lógica projetiva de todo fascismo, que em nome do ato sacrificial que libera a barbárie projeta simplesmente a bárbarie no inimigo, um fetiche negativo. O judeu, o petista, o negro, o gay, enfim a minha diferença absoluta. São os monstros que põem em perigo a civilização, baseados em alguma ordem de delírio sobre a própria superioridade, que nunca se confirma, e autorizam qualquer tipo de violência. E essa violência, quando se torna movimento político, produz poder e produz um movimento integrador, identificatório, com o poder. Essas pessoas se sentem integradas por essa violência, que simplifica muito as coisas do mundo. Do *seu* mundo. Isso as constitui. É uma política da violência que está tentando responder a uma ordem de sofrimento que não consegue ser pensada de outro modo que não esse: elegendo o inimigo para o sacrifício. Triste, violento e estúpido.

Quem é esse inimigo, hoje, na política brasileira?
Todo o movimento de tomada do poder foi feito fixando artificialmente o campo petista como responsável pela totalidade da crise do sistema político brasileiro, o que é uma falsificação. Se estamos falando da degradação e da corrupção estrutural do sistema político brasileiro – e era essa o motivo político real da crise aparelhada totalmente pela direita – então o responsável por isso é justamente o sistema político brasileiro. Mas se tornou o PT porque era justamente esse o modo estratégico de produzir política e de colocar um certo grupo da política nacional no poder, um grupo que claramente retoma a tradição autoritária brasileira, além de seu alinhamento cego com qualquer grande interesse econômico de modo sumariamente antissocial – e que, em uma democracia de massas, só conseguiria mesmo governar por meio de uma ruptura controlada como foi o impeachment.

É um grupo antiético, inteiramente envolvido em corrupção – Geddel Vieira Lima, ministro de Temer preso por manter um apartamento cheio de malas e caixas de dinheiro vivo, apenas um entre todos, é o retrato acabado do tipo – que usa o poder para se blindar, que cede legislação e direitos a interesses particulares diretos. É a impressionante representação atual de uma velha elite predadora que se formou em uma relação de violência extrema com o povo, numa posição original de senhor de escravo, um dado histórico e subjetivo particularmente brasileiro. É o passado sempre incrustado no processo histórico brasileiro, que perfura a democracia, e emerge glorioso e terrível no avançado da hora do capitalismo contemporâneo. E o senhor de escravo só necessita dar um prato de comida para reproduzir a força mínima, mínima, mínima de trabalho, ele não precisa garantir a vida, e a sociedade, em nenhum outro sentido.

É isso que está no poder hoje. Não se trata mais de um projeto, não há nenhum espaço para a política que importa, de constituição desejada de civilização. Esse grupo, que é uma facção das classes dominantes, está numa relação de inimizade com a nação, poderíamos dizer, em que, dado o ritmo de *blitzkrieg* da tomada do poder de assalto e no grito, a nação tem que ceder tudo de modo imediato. É uma guinada neoliberal bárbara, um real assalto aos interesses e direitos que configuram o espaço público. O Estado não está sendo favorável à vida no Brasil.

E tudo isso sobre a égide de uma figura de democracia, o que permite que tal violência se configure em um lugar de legitimidade de Estado, que é a legitimidade de operar a violência. Esse é o paradoxo da situação institucional da dita democracia formal, e o fundo político autoritário que se apropriou dela, que produz, desde o poder, um campo de violência, fascismo e desrespeito público no Brasil, mas está tudo "normal". Esse é o sentido mais duro, e profundo, da política da inimizade entre nós.

A democracia se tornou uma fachada para a produção de uma violência antissocial, tida por legítima. Tem alguma coisa muito errada. Se a democracia serve para isso, que democracia é essa?

Quais são os sintomas sociais dessa violência?
São muitos. Um dois principais é a perda dos limites da lei para o Estado policial. O assassinato frio de um carroceiro que pedia comida em um restaurante, em São Paulo, por

uma polícia que acha que pode dispor do povo brasileiro como bem entende, é um emblema disso. Foi necessária enérgica reação, pois o fascismo de um Estado condescendente com práticas de extermínio social banalizadas estava ameaçando totalizar a vida pública: houve missa protesto na praça da Sé, com a presença de todos os bispos de São Paulo, como quando do assassinato de Herzog pela Ditadura Civil-Militar de 1964-1985...

Também é notória a repressão sistemática, em sistema de controle social forte e sem limites legais para o uso de armas de efeito moral, que lesam mesmo corpo e indivíduo, a toda e qualquer manifestação contra o governo, apanhado em explícitos atos de corrupção com fitas e malas de dinheiro para lá e para cá expostos na televisão. Mas o que valia como espaço democrático de política de manifestação cívica contra o governo de esquerda nunca valeu para o governo repressor e muito agressivo de direita que emergiu do golpe. Há uma radicalização generalizada da violência policial, que tende a tratar a sociedade como inimiga, e uma radicalização do discurso geral de ataque à legislação universal e internacional dos direitos humanos. Isso é motivo e resultado da tomada do espaço público e político por essa direita autoritária. Ela insiste no fato social extremo, brasileiro, de que a policia tem o direito de decidir a vida e a morte de pessoas por fora da lei. Esses caras estão literalmente *trocando a lei pela polícia*. Isso é muito grave.

Além disso, o que se verifica no trabalho das clínicas abertas e sociais de psicanálise – movimento social do qual participo – é o avanço da perda de energia da vida e para a vida, que vai paralisando pessoas em estruturas de sintomas ideológicos que não dão mais conta: são os 12,5 milhões de desempregados, uma geração inteira de vinte a trinta anos que sabe que a vida está passando e que não terão nada de significativo para fazer. É uma clara depressão de valor social. Uma ruína humana, uma doença social, que também tem o polo de escárnio e o choque traumático do absurdo diante de um Estado tomado e que radicaliza os interesses particulares e não dá respostas sociais minimamente aceitáveis.

Sua relação com o país é irresponsável e antissocial, e isso é uma real política da inimizade. Para que isso se sustente são necessárias ações de força para congelar as tensões sociais. O que acontece, gerando mais violência. A máquina não para, e vai se tornando infernal. Ao mesmo tempo, onde não há tensão social existe um arruinamento da vida. Nesse momento é isso que começa a aparecer. Hoje não temos nenhum pacto social acordado que seja um projeto de mediação para a construção de alguma coisa, porque, do ponto de vista da direita, não há nada a ser construído. Só reprimido. A vida pública e os cidadãos apenas atrapalham os negócios no Brasil.

Neofascismo e o cinema urgente brasileiro

Existe uma afirmativa ação político-cultural neofascista no Brasil de hoje. Passado um ano e alguns meses da derrubada simbolicamente violenta do último governo petista eleito – com o grande choque sobre uma ordem democrática que produziu 54 milhões de votos para um projeto de país que foi abortado – todos os dias precisamos lidar com a real desagregação democrática pela tendência forte de pessoas, que tem sua subjetividade referida a grupos ideológicos organizados de direita, em reduzir a linguagem, o direito e a razão pública da história ao seu sistema de desejos imediatos e à passagem à ação de força direta contra os direitos e o corpo do outro que não reitere sua própria paixão. O que em um passado recente mal disfarçava o ódio e o desejo corpóreo de violência sobre alguém no ato limite de calar e atordoar *o inimigo* batendo panelas, hoje ultrapassou esta barreira, e prossegue, como compulsão à repetição indomável, tentando cada vez mais, cada dia mais, alcançar o corpo de direitos e o corpo real dos inimigos maléficos, sempre inventados, para animar esse sistema psicopolítico. Do comunista imaginado de 2014/2015 chegamos aos artistas pedófilos, e às filósofas críticas bruxas do presente, sonhados para serem queimados.

O Brasil regrediu de fato, não apenas ao seu grosseiro passado ideologicamente orientado de autoritarismo e de desprezo antipopular, o fundo mítico restaurador de nossas clivagens sociais originais para onde nossos neofascistas querem voltar ilusoriamente, mas talvez até mesmo para formas humanas ainda muito anteriores à sua própria história. Freud já relacionava a constituição de grupos que sustentavam ilusões comuns fascistas à ideia de uma forma hiper-arcaica, a congregação grupal original, anti-intelectual de todo modo, daquilo que ele chamou de *horda primitiva*. A medida desta avaliação, deste conceito psicanalítico sobre a regressão coletiva, é a real dissolução do entendimento comum partilhado, do compromisso e do pacto com a história acordada, a vida intelectual, e a ocupação e transformação do espaço psíquico dos homens do grupo ou das massas pelo próprio direito à violência, uma real política subjetiva da exceção, paranoia e inimizade. Deste modo, como vemos acontecer no Brasil hoje, o estado de exceção mais amplo é duplicado em uma política psíquica cotidiana e comum da exceção. Um estado psíquico de exceção.

Esta regressão psíquica ao real grupo neofascista blinda mesmo os seus ideais, sem checagem histórica ou racional, criando território nítido e clivado entre o bem e o mal e liberando a violência, verbal, moral e real, contra os inimigos inventados, criados por esta própria dinâmica subjetiva e grupal. Ativa-se a forma paranoica como a forma fundamental da política, núcleo original de invenção do poder. A política tende a regredir à forma da milícia autoritária, pronta para descrever a realidade como uma guerra imaginária, que supõem real e que libera e legitima toda violência. Esta real regressão subjetiva acompanhou desde sempre bem de perto o processo político mais amplo institucional e foi força importante para o projeto de tomada do governo, e de ataque ao Estado brasileiro, por grandes interesses econômicos locais e globais.

Se o golpe parlamentar-midiático de agosto de 2016, construído simbólica e politicamente ao longo de todo o ano de 2015, ocorreu através do realinhamento político de grandes interesses industriais, financeiros, do agronegócio e de amplos setores das classes dominantes brasileiras – o verdadeiro poder real, em conjunto chamado tradicionalmente de Capital – projetando a tomada do governo para a desestruturação do pacto civilizatório acordado na Constituição de 1988, para o aumento direto de sua força e de sua riqueza sobre toda forma de trabalho existente no Brasil, este movimento real do poder sempre foi bem acompanhado daquele estado de exceção psíquica atuando nas ruas do país. Um estado excitado que ocupou o significante vazio das manifestações democráticas contra um governo tido por corrupto com o seu conteúdo claramente violento, anti-histórico. O Estado de exceção projetado pelo grande poder na própria ordem pública era apoiado e sustentado pelo estado de exceção psíquica daqueles que em 2015 saiam às ruas apaixonados, e liberados para a ação, diante da *iminente revolução comunista bolivariana* – falsificação grotesca – que de fato alucinavam ocorrer no Brasil, alucinose que justificava inteiramente todas as próprias barbaridades simbólicas. Diante da monstruosidade projetada no inimigo político, todas as próprias ações bárbaras se justificavam plenamente. Eram os radicais apaixonados, antissociais e violentos *anticomunistas do nada* brasileiros, real força popular a favor do real ataque neoliberal ao Estado, a força verdadeira do poder, imensos interesses econômicos no Brasil.

Um dos paradoxos de todo este sistema ideológico simbólico, que deságua no neofascismo medíocre atual, é a destruição do sentido histórico do governo democrático petista, que dinamizou e deu grande passo no desenvolvimento capitalista brasileiro ao incentivar o funcionamento limite do mercado interno de consumo e de emprego, peça macroeconômica real que nenhum país desenvolvido do mundo pode desprezar, mas o capitalismo rentista brasileiro pode. Ou seja, um governo que acentuou o processo da dinâmica capitalista e de consumo brasileira. Este processo real, que durante o período Lula, por exemplo, fez o país crescer seis anos acima do PIB mundial, em direção ao pleno emprego, foi tratado, alucinatoriamente, com a referência bem fixada ao passado autoritário da Ditadura e da Guerra Fria, como um real governo comunista. A desfaçatez mentirosa, "versão alternativa" da história, mundana, sustentada de fato como vulgar briga de rua, não encontrava limite em seu desabrido desejo de poder, e sua liberdade de mentir, legitimada pelo poder simbólico do todo, da ordem capitalista em busca de exclusão brasileira.

Neste caldo de cultura violenta, ativa e nova, da nova direita neofascista agindo realmente na política, e do golpe geral midiático parlamentar, a tradição reflexiva e crítica do cinema documentário brasileiro encontrou, como não poderia deixar de ser, matéria especial e forte para redefinir as condições históricas do país, cuja face conservadora ganhou nova visibilidade. Assistindo, quando da sua polêmica exibição no festival de Brasília deste ano, a "Intervenção, amor não quer dizer grande coisa", filme sobre a ação delirante e radical da extrema direita na internet, base energética e qualitativa de toda tendência regressiva da nova direita brasileira, o poeta Chico Alvim colocou a questão fundamental, que o limitado processo de nossa democracia anterior tentou sempre recalcar: "O Brasil é isso?". Sim, o filme deixa claro, o Brasil é isso. E também, ao mesmo tempo, mais que isso. "Operação da lei e da ordem", de Lúcia Murat e Miguel Ramos, demonstra a criminalização e a redução simbólica dos movimentos sociais críticos e à esquerda do país sempre ao mesmo ponto repetitivo, de ilegítimos e reais vândalos, pela grande mídia televisiva oficial. A máquina geral da comunicação participa assim ativamente da produção da mentalidade antidemocrática, que vai alimentar em casa o preguiçoso fascista nosso de cada dia. Enquanto isso, jovens corajosos, informados e que lutam pela própria liberdade subjetiva e erótica, invadem as próprias escolas para defendê-las do desejo de liquidação neoliberal por um governo conservador, e chegam a vencer a poderosa máquina ideológica de aceitação de tudo do governo tucano do Estado de São Paulo. E vemos esta história inteiramente contada por seus personagens concretos, os jovens que a realizaram, filmando desde as suas próprias ocupações, na nova obra prima do documentário político "Escolas em luta", de Eduardo Consonni, Rodrigo Marques e Tiago Tambelli. Em conjunto os filmes radiografam em profundidade o sistema ideológico e subjetivo do poder no Brasil, os movimentos simbólicos concretos que também são o golpe político vivido pelo país, e as verdadeiras forças vivas de reação histórica presentes no mesmo país.

O Brasil está de fato conflagrado. A direita nos choca a cada dia com a sua política da violência e de insolência antidemocrática, contra os direitos humanos e agora contra a ideia mesma da crítica, ao mesmo tempo em que a força e a velocidade avassaladora do golpe, das classes dominantes brasileiras contra o trabalho no Brasil, consuma a derrota de um projeto de democracia e sociedade longamente cultivado. Neste quadro o cinema brasileiro responde com energia de urgência e inteligência que se remete aos seus bons momentos de outros tempos de nosso grande mal.

O tempo é mal e o país partido: estilhaços do Brasil

26 de setembro de 2016

O ministro da justiça *skinhead* anunciou com antecedência a prisão de um adversário político, dias antes das eleições municipais. A polícia do governador, padrinho político do *skinhead*, se torna ativa na provocação de violência entre as manifestações políticas contra o governo. Estamos de volta ao tempo das polícias políticas? A direita quer aparelhar a democracia com violência policial?

5 de novembro

O mundo está em convulsão e há questionamento por todos os lados: de gênero, ambientais, raciais, sobre a outridade do outro e as modalidades afetivas do poder. No entanto, para muitos, basta a reprodução geral do sistema das mercadorias para tudo encontrar o seu lugar.

24 de outubro

O pau está comendo no Brasil da direita que perdeu a vergonha. Autoritários, a-históricos e violentos. Atacam o direito de manifestação, jogam bombas em adolescentes e querem passar projetos de controle da política econômica do país por vinte anos. Negam os direitos humanos, atacam os direitos sociais e desconhecem os direitos das minorias. Rompem todos os pactos sociais acordados na constituição de 1988. E os ditadores eram os petistas eleitos.

2 de novembro

A polícia prende atores, juízes autorizam tortura, policiais apontam fuzis para adolescentes e ônibus inteiros são preenchidos por estudantes presos. Determina-se agora os limites dos próximos cinco governos. Intervém-se na estrutura da educação por decreto. Se corta o investimento em ciência, se aumenta o gasto com a política e com o judiciário. E com a polícia. Prepara-se uma anistia ao próprio sistema da própria corrupção. O governo classista de direita se torna a cada dia mais ilegítimo. Se não foi um golpe o que ocorreu no Brasil o semblante ditatorial cada dia mais acentuado demonstra o verdadeiro caráter do movimento da nova direita: ruptura com os limites da lei e da política, ação violenta antissocial, criminalização das ações críticas contra o estado das coisas. Ataque real à democracia. A direita golpista não consegue atuar sem imprimir um estado geral de arbítrio, transformando o espaço público em um espaço violento, a política em polícia. Uma vergonha continuada o mundo do governo Temer e seus ridículos ditadores de massa e de elite, em busca de violência direta. Um desejo, e uma estética, de ditadura se disfarça em uma estrutura institucional democrática que permite e alimenta as ações violentas do novo velho poder no Brasil.

15 de novembro

Dois movimentos sociais confrontam a regressão geral conservadora da nova direita: os jovens adolescentes da escola pública que aprenderam a exigir direitos, porque, por vezes, livres do trabalho e atentos aos interesses recusados da própria classe; e os movimentos por direitos de reconhecimento e política estética e existencial LGBTQ. Em algum lugar, que não é pequeno, estes mundos se encontram. Além de se encontrarem nos céus das possibilidades utópicas humanas, que de um modo ou de outro, e hoje deste modo, também sempre descem à terra.

18 de novembro

A violência é uma defesa rápida e mágica da dor, a verdade, que oculta. E também é uma prisão.

23 de novembro

Afeto micro, política macro: afeto macro, política micro.

2 de dezembro

Crise mundial, crise central, crise nacional. Crise do mundo do emprego e da economia. Crise da política degradada. Crise ambiental. Crise da cidade. Crise do caráter. Crise do sonho. Crise do amor e da vida. Quem é o sujeito desta grande liquidação?

4 de janeiro de 2017

Há um estranho clima de fim do mundo no ar. Certamente o Brasil está liquidado por todo tipo de erro, político, econômico, ético, estético. Como era previsível, a histeria regressiva à direita não produziria civilização digna. A direita brasileira é apenas condescendente ao máximo com a violência de toda ordem que seus esquemas sociais simplistas produzem. Definitivamente estão fora do tempo, mas fazendo o tempo em falso, com o seu próprio deslocamento arcaico. Os horizontes mundiais de aposta autoritária para repor o capitalismo em rota também não convidam. Teremos que suportar o mal geral, que não é pequeno, em nosso próprio corpo socialmente nu, e em nosso próprio espírito constantemente impactado e reduzido pela cultura geral do choque e da estupidez satisfeita. Vamos nos aproximar como heróis do nada e no nada, e nos dedicar a algo melhor, enquanto o céu cai sobre todos nós.

1 de fevereiro de 2017

Estamos em meio a uma guerra degradante. Cujo sentido é nos degradar. Uma guerra em que todos sabemos da perversão do poder e do processo da política no Brasil, todos sabemos da ruína, da mentira, da pura exploração, da manipulação, do desrespeito e da irresponsabilidade generalizada do poder. Tudo está péssimo, violento e degradado. Tudo é uma grande mentira, uma máquina de violência simbólica e real, nas ruas, plenamente visível. Precisamos de imensos cuidados, de imensos gestos de amor e respeito. Precisamos muito, demais, nos cuidar, em meio a tanta violência e estupidez. Precisamos muito, demais, de amor, força e inteligência.

8 de fevereiro de 2017

Esta classe de homens cuja relação com o país é formal e corrupta, pura má fé, tem o direito de nos impingir a sua incompetência social, regressão simbólica e violência protetora dos privilégios de Estado e dinheiro? Precisamos ir pra praça Tahrir.

12 de fevereiro

Tive na Paulista na manifestação contra o Alexandre de Moraes no STF. Não tinha mais de trinta pessoas. Onde estávamos todos nós?

2 de março

Há muita violência disponível nos próprios sujeitos, muita destruição à espreita, muitas guerras desejadas entre os próximos que necessitam ser reconhecidas e trabalhadas, cuidadas por um ponto de vista que permita a circulação do amor, em um trabalho que, se não antecede, também não cede ao trabalho que deve ser feito com o mal social mais geral. Maltratamos nossos amigos, maltratamos nossos irmãos e maltratamos nossos amores, mas nos iludimos sermos melhores quando desejamos um mundo melhor para todos. Vamos importar nossa violência desconhecida para o mundo mesmo que sonhamos como melhor, se não soubermos suspendê-la, reconhecê-la, e transmutá-la nas relações imediatas com o mais próximo. E também transformá-la diante do ainda mais próximo de todos, que cai sobre nosso terror e submissão, e que necessitamos reaprender a sonhar: nós mesmos.

6 de abril

O avançado da hora do golpe de força da direita no Brasil estabeleceu um país muito cínico e sádico, que convive com o extermínio e a corrupção generalizadas, desde que de direita, com a desfaçatez, o desejo de ação direta pelo poder e o direito satisfeito de violência. Destruir o processo institucional e a leitura da história no grito traz o grito, imediato, autoritário e onipotente, para o primeiríssimo plano da vida política pública. Esta foi a transformação da política que a direita operou no Brasil. A loucura maior desta violência é que ela sequer precisa apresentar resultados, a culpa de tudo será sempre do comunista inexistente, produto do próprio delírio sacrificial primitivo. Que bárbaros ignorantes defensores de ditadura, de extermínio de índios e de destruição de direitos falem em clubes de elite e da classe média alta, recebendo aplausos dos nossos novos sádicos públicos, revela a profunda estrutura psicopolítica autoritária e burra brasileira, que a democratização apenas encobriu com uma cortina de fumaça e a esquerda no poder não transformou de nenhum modo, mas, com suas opções políticas e de pleno poder ao consumo também jogou água neste moinho.

8 de maio

Transformação de importantes energias críticas e disponibilidade para a vida e a luta em briga direta fácil e imaginária, eu contra ele, minha cor contra a sua, meu sexo contra o seu, meu gênero contra o seu, minha linguagem contra a sua... um ganho do poder. Pode-se mimetizar assim o modo de ser das formas estéticas sexuais burguesas e sua arrogância, apenas querendo se impor, como poder pessoal sobre todas as demais formas existentes. Pouca diferenciação do modo de ser mais íntimo do poder. As violências sofridas pelas pessoas representam questões e lugares políticos, que podem se expressar como dores absolutamente pessoais e de reparação narcísica. É preciso cuidar da dor da pessoa, mas é preciso lembrar a congregação mais ampla de todos. Onde a perspectiva crítica de toda violência entre os homens se unifica? Pensar com mais afinco e rigor sobre esses pontos.

19 de maio

No Brasil um governo não precisa nem ser nem parecer ser honesto. Desde que desmonte as leis trabalhistas, garrote o país ao mercado, despreze os direitos sociais e reprima com eficácia. Então as malas de dinheiro dos homens do presidente podem voar daqui pra lá e de lá pra cá, mas o governo está garantido. Foi assim com FHC, que comprou com dinheiro a própria reeleição, é assim com Temer, de quem todo o governo são vendedores baratos do Estado. Essa é a real moralidade pública de uma elite afeita a golpes, ditaduras e escravidão. Vergonha da falsa democracia e do Estado seletivo de direito. Em qualquer lugar do mundo o governo se tornaria ilegítimo com um presidente flagrado manipulando a justiça e vendendo benefícios. Mas o mundo não é aqui.

25 de maio

Contra a estupidez, os cuidados. Contra o desprezo, o compromisso. Contra a grosseria, a delicadeza. Contra a violência, amor e inteligência. Viva o Hotel Laide.

28 de maio

Há algo de verdadeiro escárnio na ordem do poder hoje no Brasil. Uma classe de senhores contra tudo e contra todos. Animados assassinos de pobres, grotescos vampiros da classe trabalhadora e inimigos do espaço público, o mal está à luz do dia hoje no Brasil, sem nenhum pudor e nítido como poucas vezes foi. Nossa democracia profundamente danificada praticamente não se diferencia da violência própria das ditaduras íntimas brasileiras. O Brasil vai se tornando novamente a pesada cruz dos brasileiros, sempre sacrificados no altar da riqueza antissocial dos imbecis ricos dessa espécie de terra. Bem duro, um tempo obscuro disfarçado de estado de direito.

6 de julho

Política como modo de enriquecimento de homens duvidosos, incapazes de produzir em qualquer esfera, ética, estética ou mesmo técnica. Política como venda da política para expansão dos interesses do capital sobre o Estado. Pacto pela riqueza e pelo poder como luta pelo poder e servilismo barato do dinheiro. Homens do poder que podem extorquir, que podem encomendar mortes e silêncios, que podem falar de reis da Suécia quando na Dinamarca e de Shakespeare como famoso filósofo alemão. Há algo de podre no reino… de fato, tudo. É preciso dedicar cada fibra do próprio corpo e espírito à própria degradação. É preciso ter fé absoluta que nada vale nada, e que tudo e qualquer coisa vale a venda de tudo, da política, do país e da vida do outro. Fé absoluta que não há sentido nem por que lutar, que não seja o jogo do poder de cobrar caro pela venda da própria posição. Nossa vida sobre nenhum aspecto deve ser determinada por isso.

13 de julho

Um dia passei por um carrinho de um catador que era muito lindo. Flores, máscaras, brinquedos. Fiquei impressionado demais, e uma quadra depois resolvi voltar atrás e dizer ao moço que o carrinho dele estava muito bonito. Ele ficou satisfeito. Não aceitou o meu dinheiro, porque "não estava precisando". Ontem ele foi assassinado friamente pela polícia. Pedia comida em um restaurante.

19 de julho

Missa por um brasileiro morto pelo Brasil hoje ao meio dia na Catedral da Sé. De Herzog ao Negão a história continua uma máquina de sacrifícios e mentira. Um outro sacrificado um dia já associou a ideia de progresso, que é o progresso do lucro, com o aumento constante da catástrofe humana. A história avança como necropolítica, e há uma tendência universal de todos devirem o "negro". Além das vidas desperdiçadas, impressiona muito, muito, o sadismo e a normalidade satisfeita de uma certa humanidade que convive e passa cotidianamente sobre os cadáveres que alimentam a própria vida. Afinal só podemos existir assim? Matando constantemente alguém, na fantasia, ou na Real? Desejo de paz, e de que a pesquisa humana se inverta da destruição para a vida, da vida sobre o trabalho alienado e destruição do valor do vivo para a pesquisa das modalidades e camadas mais ricas e complexas do amor. A missa do Ricardo, ato de amor por todos nós, será ao meio dia, na Sé.

17 de agosto

Nazismo de esquerda: o gozo da mentira histórica, o desprezo pela diferença, desejo degradado como poder, anti-intelectualismo cínico, insolência conservadora espancando as balizas históricas, tomada da vida simbólica por verdadeiros calhordas. A boçalidade do mal. Novalíngua. Como combater a irracionalidade que desrespeita tudo, a não ser o ato de poder da própria e única fala, de fato ridícula? Nazismo de esquerda é a fala do grau zero de subjetivação política: são os nazistas, que queimam o Reichstag, e dizem que foi a esquerda.

18 de agosto

A boçalidade do mal.

5 de setembro

A estrutura e a vida imaginária do espaço público se alteraram nos últimos 20 anos. Crise do partido, o continente ordenador, popular e democratizante. Perda da sua referência, do seu norte simbólico. Reorganização da direita na internet e, depois de 2013, nas ruas. Recuo do campo social organizado e desejante, das políticas graduais de Estado, para as redes sociais. Governo sob assalto direto do capital em todas as suas formas e modos. Tempestade simbólica de pós-verdade, ações ilegais e gestos de violência consentidos, como cortina de fumaça pública para o livre movimento do Capital no Estado. Espírito progressista em recesso imaginário na internet, em estado de gozo especular, vendo tudo ser desmontado e aguardando 'democraticamente' a derrocada da política neoliberal, como se se tratasse de democracia. Espaço público confundido com narcisismo e espetáculo, crise da esquerda e tomada do poder por violência simbólica e poder material concreto. Democracia como simulacro e ordem real do capital sobre o Estado. Quem somos nós?

11 de setembro

Liberais autoritários brasileiros: censura e intolerância modernas: tudo pelo mercado com controle moral da cultura: elogio do dinheiro com beija mão de governo ilegítimo: perseguição de direitos contra o comunismo inexistente: fascistas de consumo agregados de qualquer poder antipopular: senhor de escravo liberal brasileiro

12 de setembro

Um grupo de ignorantes radicais, mentirosos compulsivos e promotores de violência contra direitos básicos pautando a cultura no Brasil. Capitalismo e fascismo de mãos dadas novamente. Seus ídolos, Olavão de Carvalho, Azevedo, Pondé, e outros neoliberais para quem tudo é permitido para a instalação do império do mercado, que formaram por anos a prática política cultural dessa gente, devem estar muito satisfeitos. E falsos liberais que saíram às ruas com fascistas para destruir uma eleição também são responsáveis pelo avanço do mal de seus aliados objetivos pelo poder.

29 de setembro

O que se observa é a cultura da ignorância, que se expressa como gesto de força – censura, recusa do outro, bater panela – agindo diretamente, como lhe é próprio, sobre os espaços de problematização social, diferença, respeito democrático e arte. O golpe de força à direita foi baseado na recusa do trabalho de entendimento da história, e trouxe a ignorância e a estupidez para o primeiro plano da cultura. Pessoas que simplesmente abrem mão de pensar, de mediar sua própria existência pelo outro e de aprender com a experiência. Banalidade do mal era isso, segundo Hannah Arendt. No Brasil ela também é uma grotesca boçalidade do mal. Mal e burrice, é o resultado do progresso da democracia brasileira? Assassinato e ignorância resplandecente é o nosso destino? Isso é o Brasil?, me perguntava Chico Alvim, depois de ver "Intervenção – Amor não quer dizer grande coisa". Com a palavra todos os elegantes modernos, liberais, neoliberais, consumidores universais, ricos e cultos dessa espécie de nação, que insiste em ser burra, brega e violenta.

1 de outubro

Pessoalmente vejo a performance que foi atacada no MAM como inofensiva sobre todos os aspectos. Anódina. Com as pernas nuas Cris Bierrenbach fez coisa muitíssimo mais interessante no encontro de performance da Galeria Vermelho. O que move a direita destemperada e desaforada não é nenhum conteúdo de verdade. Como todos sabemos estes são os homens que consideram a verdade totalmente ultrapassada: homens e mulheres que vivem em Estado de pós-verdade. O que eles atacam é o semblante em bloco dos conceitos e mundos que desconhecem e lhes exige trabalho e humilha. Arte contemporânea. Política do Sexual. Sistema institucional da cultura. Arte, sexo e cultura. São estes os reais alvos da ação violenta, que é verdadeira política da ignorância e da repressão, no sentido mais amplo possível do termo. É evidente que este mesmo povo, já viciado em ação de choque para constranger direitos, é o que deseja ditadura no país, que eles próprios desorganizaram. E sua política é identitária e de ação direta. Ela não tem razão, verdade nem argumentos. Transmite diretamente, de modo mimético, o convite à identificação com o próprio gozo regressivo, niilista e autoritário do próprio grupo. Psicopolítica real, contra todo trabalho desejante e múltiplo de civilização que implique trabalho da linguagem.

3 de outubro

Eles precisam e buscam uma nova ordem de choque, convocação de ódio, ato de produção de grupo para ganho político, diante do real fracasso do governo golpista que impuseram ao país. Na ausência de comunistas, atacam arte e sexualidade. Nova rodada de política da violência e de sacrifício simbólico do inimigo unificador. Política da inimizade. Mimética, baseada em grandes idealizações e na redução do outro ao lugar de inimigo absoluto, frente ao qual o gozo do extermínio justificado, mesmo que simbólico, permite o desrecalque prazeroso do direito à porrada. E do cinismo, de saber que sua estratégia vazia de verdade se transmite automaticamente, por adesão do indivíduo ao grupo, como formação psíquica regredida que é.

3 de outubro

E mais ainda. E se os que estão salvando a criança da pedofilia do artista estiverem fazendo de fato um mal a ela? Expondo-a. Sexualizando-a. Explorando-a. Gozando com a sua disponibilidade para todo tipo de uso de sua vida. ... uma massa grosseira despedaçando uma criança simbolicamente pelo seu jogo e prazer ideológico descontrolado? ... os que a defendem também gozam um próprio gozo... quem disse que inimigos da arte, de museus, e da sexualidade dos outros seriam amigos das crianças dos outros?... De onde vem o mal?

5 de outubro

O mbl despreza os direitos humanos, apoia golpes, deseja fim de direitos, constrange pessoas, mas… gosta de arte bonita.

5 de outubro

70 mil gritam likes na internet para fechar um museu, porque não gostaram de uma obra de arte… o que mais vão gritar para fechar?

16 de outubro

Na impossibilidade de discutir o avanço dos direitos universais à vida, o que há muito está disponível à conquista técnica da humanidade, estamos discutindo posições, narrativas, interesses, direitos do poder, controle às artes, direito à violência, terra plana, Bolsonaro, Alexandre Frota… O barramento à vida e a fragmentação da cultura das disputas particulares, multiplicação das cisões de um mundo estruturalmente cindido, sociedade de classes, nos leva para a Babel regressiva, que o primitivo fascismo explora. O meu desejo: um redespertar da cultura crítica contemporânea para o direito geral à liberdade e à vida, universal, incluindo aí o ambiente e as vidas não humanas. Oxalá!

20 de outubro

Temer, sua casta de senhores mafiosos, facilitando a escravidão. De vomitar.

20 de outubro

… nenhuma nação.

21 de outubro

Modos automáticos de reprodução da violência. O momento da técnica permite uma performance direta "signo, imagem violência" numa cultura geral do choque, tanto quanto do risco. A lógica do mercado, de fundo e primeira, fragmenta, coisifica e espetaculariza toda a dinâmica social, ao mesmo tempo que a força e exige, como gesto compulsivo de existir aí. Em rede os fascistas pescam. Excelente texto da Silvia Viana.

24 de outubro

Teatro Oficina destombado pelo Condephat:
"Foi muito ruim a reunião. Toda família está arrrazada. Eles vão fazer as torres destruir a janela árvore. O teatro ficará espremido e com toda certeza sofrerá muitas coisas. É muito injusto. O teatro vai entrar com recursos precisa ter muita divulgação disso ele está precisando de muito apoio. Precisamos fazer alguma coisa. Me ajudem. É terrível. Ninguém consegue dormir direito. O teatro fora do Brasil foi premiado e aqui querem acabar com ele. Vamos inventar qualquer coisa para ajudar. Precisamos de ajuda de todos."

28 de outubro

Comissário nazista sobre arte, 1937: "Vivemos a loucura, do descaramento, da incompetência e da degeneração".

30 de outubro

As demandas setoriais, que cindem o campo geral e a ideia da universalidade da classe, e que projetam o dado particular na história – a experiência e a história negra, o lugar da mulher, as vidas LBGTQ, o terror dos refugiados e dos palestinos – em múltiplos vetores críticos históricos, que ainda podem articular posições de intersecção particulares em relação a cada sistema de sentido, e que pedem reparação para a dimensão única do seu percurso, podem ser vistos como movimentos que têm duas dimensões ante o todo integrado do poder, e ante a ideia de uma razão crítica universal – hegeliana, marxista, frankfurtiana –: como aprofundamento da consciência histórica das violências, em um plano de democracia projetada e suposta de fundo, e como um possível ceder da crítica universal à gestão da vida pela venda geral de força de trabalho no mercado e subjetivação para o consumo. O problema político estaria no fato de que a demanda de uma justiça única, para uma posição de violência histórica real particular, pressupõe estabilidade democrática para a leitura da diferenciação dos casos, o que em democracias liberais maduras pode ser o caso, mas, no ponto que estamos, talvez anule a necessidade de consciência pública e ação política contra a real cultura do poder capitalista: a da subjetivação para o mercado. Cada um dos críticos particulares pode remeter sua crítica ao pano de fundo geral do mercado universal, dado como transparente e quase natural, de modo a produzir novas posições de poder dentro dele, e não para além dele. Por isso, importantes pensadores críticos das condições de violência de suas comunidades históricas, como Achille Mbembe, Angela Davis, Nancy Fraser ou Roswitha

Scholz, não dissociam de nenhum modo a crítica da situação particular histórica do movimento real de produção do poder capitalista. Este se resolve e se oculta no mais difícil dos inimigos, a vida sob o regime, perverso, do feitiço e do segredo – a própria ordem do poder – da forma mercadoria. Por isso Fraser pode falar em demandas sociais neoliberais, para aspectos acríticos dos movimentos de particularidade histórica… Militantes, é preciso ainda um último esforço… Um bom livro, desconhecido entre nós, sobre a produção de injustiça embutida na fragmentação universal da crítica, que tomou a esquerda desde os anos 1990, é "The Trouble with Diversity – How We Learn to Love Identity and Ignore Inequality", do crítico literário americano Walter Benn Michaels. Precisamos saber articular os valores e direitos das histórias particulares com a crítica da violência universal, a reprodução infinita da sociedade de classes, pacificada na subjetivação para o consumo e a produtividade produtora de mais valia.

31 de outubro

O Estado de S. Paulo: "Contra Lula mercado já fala em Jair Bolsonaro"… Projeto civilizatório do mercado. Nazistas tupiniquins que trabalham para Wall Street temem que o seu dinheiro "leve um susto" e por isso vão tacar o terror geral. Os homens bons do dinheiro.

2 de novembro

Oswald, *O Rei da Vela*, 1933:

"Há um momento em que a burguesia abandona a sua velha máscara liberal. Declara-se cansada de carregar nos ombros os ideais de justiça da humanidade, as conquistas da civilização e outras besteiras! Organiza-se como classe. Policialmente."

Então, estamos vendo o que acontece: ela estoura os tratos, rompe os limites do sentido, relança o fundamento primitivo da acumulação, refaz um ato sacrificial fundamental, aproxima a linguagem do ato puro da violência, goza no sadismo do extermínio de alguém ou de algo e reproduz e reafirma a sua real ordem de poder. Que se forma assim.

7 de novembro

As ideias de Butler, produzindo histeria conservadora no Brasil, repõem, cem anos depois, o mesmo impacto crítico e político que a emergência da sexualidade infantil, polimorfa, freudiana, teve ao seu tempo vitoriano burguês. Agora, em um momento universal de impasse da relação entre democracia e capitalismo, novamente a política do sexual – teoria performática de gênero, pluralidade do desejo… – se torna centro de uma crise sobre os limites da democracia. Freud deve estar se divertindo muito, a respeito da reposição da relação poder-repressão, contra a riqueza múltipla e *a priori* indefinida do sexual humano. Foi o mesmo campo, em outro momento histórico, no qual ele foi atacado também. Mas ele não tirou dessa crise uma política crítica da cultura, como faz Butler – e como fizerem Adorno e Marcuse, cada um ao seu modo, com sua obra – mas sim uma política clínica do cuidado e da diferença, a Psicanálise.

11 de novembro

Amiga se pergunta, diante das agressões à Butler: que país é esse? Penso que é o país em que este tipo de gente, com essa política de censura e ódio, de redução da linguagem à violência direta, saiu às ruas junto com pessoas boas indignadas com a corrupção da esquerda e com neoliberais prontos para assaltarem direitos para destruir uma eleição em que alguém foi eleito com 54 milhões de votos. E agora, esses que bateram panela pelo que hoje está aí, a direita antidemocrática brasileira, se sentem fortes e legítimos para perseguir e bater em filósofos, artistas, funcionários de museus, professores. É o preço que pagamos por legitimar a política autoritária para os interesses neoliberais. Esses mesmos homens que hoje atacam a corrupção da Judith Butler, mas não a do Michel Temer. Um país que pôs os autoritários no poder, sem votos, para destruir leis trabalhistas.

17 de novembro

O capitalismo se desresponsabiliza. Como pode destruir o ambiente, pode destruir mundos. Países, sociedades, homens. O que ocorre no Brasil é a dissolução de tudo para o aumento de qualquer lucro. Um lucro qualquer, uma satisfação qualquer, já dizia Machado de Assis. Se pararmos para pensar, tudo já foi destruído. Democracia. Eleição. Constituição. Leis e quaisquer garantias sociais. Qualquer coisa pode ser destruída. Universidade. Contratos sociais. Só o

Estado mercado global vai advir. Bem-vindos ao devir negro de Mbembe. O mercado teme por seu rico dinheirinho, mas não por nós, nem por ninguém. Flerta com Bolsonaro. Necropolítica da estupidez e do desrespeito a tudo. Uma coisa é certa, não há Deus, nem justiça, nem nenhuma ordem de valor para o Capital. Ele é a única modernidade total. Todos nós estamos aquém. Somos muito lentos. Muito fracos. O pânico de todos nós, brigando por migalhas, restos de mundos liquidados, enquanto a máquina de milionários se apropria de tudo, é o maior sinal da derrota. A derrota é a paralisia de todo vínculo com a vida pública, coletiva e social. O capital vai vender caro para muito poucos. Universidades para quê? O ganho é mais valia absoluta absoluta. E senhores dementes prontos para caírem da última pinguela. Não há modelo para o que devemos viver, bem lembrou Priscila Figueiredo. O assalto não vai mais parar, nem o crime satisfeito do poder. A direita prescinde de história, compromisso e verdade. O capital goza, aqui e lá fora. Segurem-se, o piloto sumiu, o sadismo é o limite final. Para muitos ele nunca existiu. Agora para todos. O capital se desresponsabiliza.

20 de novembro

Pondé e a dor dos outros: "Se os 'movimentos progressistas' não tivessem eles mesmos virado um 'mercado de impacto' de milhões de dólares, (quase) ninguém estaria nem aí pra vítimas de racismo e sexismo. A própria luta da Inglaterra contra a escravidão foi um business em si."
Folha de S. Paulo.

6 de dezembro

Pensamento sobre gênero proibido no ensino médio.

10 de dezembro

Sobre mentira e neoliberalismo. Hoje chegamos a pós-verdade e fascismo.

31 de dezembro

A esquerda institucional no poder não deu resposta política, equação simbólica possível, de esquerda, para o problema do sistema brasileiro de corrupção da política, e para a sua adesão a ele. Essa lacuna real no pensamento da esquerda também a lançou para fora do próprio tempo. A revolta conservadora dos moralistas anticorrupção também era legítima. A esquerda preferiu ir presa e negar até o fim do que de fato falar do assunto. Exatamente como a direita faz. Apenas nega até o fim o inegável enquanto tenta comprar a lei, para não cumpri-la. Grande fraqueza simbólica e, consequentemente, política.

5 de janeiro de 2018

Brasil? África. Achille Mbembe.
"Apoiando-se na desregulamentação e na privatização de economias outrora controladas pelo Estado, esses grupos conseguiram enxertar seus poderes nas redes de finanças e de extração em escala global, o que lhes confere uma relativa imunidade. Agindo dessa forma, eles não são mais responsáveis diante de suas sociedades. Por outro lado, eles puderam comprar potentes apoios no seio delas. Colocadas juntas, essas forças, cujas dimensões internacionais não são negligenciáveis, defendem o status quo. Elas são os meios organizados e dispõem da força das armas, do dinheiro e de sólidas redes locais e internacionais. Elas editam leis que

lhes são favoráveis e dispõem de tribunais para aplicá-las ou, quando apropriado, para ignorá-las e contorná-las. Esse bloqueio ao poder não é destituído de contradições internas. Com as elites que se fizeram donas e "capturaram" o Estado, tal bloqueio se torna em parte o resultado da economia de extração à medida em que esta ingressa nos circuitos da financeirização."

27 de janeiro

Conversa com reacionária, anticomunista do nada:
Em seu país livre e democrático morrem 60 mil pessoas assassinadas por ano. Todos os anos. Dez por cento dos assassinatos do mundo, segundo a ONU, acontecem perto de você. Do outro lado do muro. A polícia técnica e respeitosa dos direitos universais do Brasil mata 6 mil pessoas por ano. Não tem guerra que se compare a isso. 5 homens desse país decente e democrático – que garante os seus direitos, mas não o dos jovens negros descendentes dos 6 milhões de escravos trazidos para cá – detém 50% da riqueza, desse país que precisa de mais desemprego e menos leis trabalhistas. Um banho de sangue, com muita gente irresponsável e muito poucos donos do poder. Você não precisa ficar tão nervosa com a estupidez geral que o golpismo autoritário estabeleceu por aqui, e as gotas de ódio de classe média que respingam em sua página. Os fascistas que atacam em bando por aqui fazem bem pior. E em relação à real do Brasil, essa brincadeira de empurra empurra e xingamentos mútuos no Facebook não é realmente nada. O genocídio brasileiro não alcança a sua classe. Você pode dormir tranquila.

24 de janeiro

Psicologia de massas do golpismo.

27 de janeiro

Le Monde, Brasil: uma democracia derretendo
L'élite de Brasilia baigne dans un climat d'impunité de nature à écœurer le peuple. A quelques mois de l'élection présidentielle, le Brésil, pays parmi les plus inégalitaires au monde, renvoie l'image d'une société de castes où les dirigeants n'obéissent pas aux mêmes lois que les miséreux. C'est indigne et dangereux pour la plus grande démocratie d'Amérique latine.

Ou seja: a elite de Brasília está envolvida em um ambiente de impunidade de modo a lesar o povo. A alguns meses da eleição presidencial, o Brasil, país dentre os mais desiguais do mundo, reafirma a imagem de uma sociedade de castas na qual os dirigentes não obedecem às mesmas leis que os miseráveis. É indigno e perigoso para a maior democracia da América Latina.

5 de fevereiro

Política do ódio, política da mentira, política da violência. A subjetivação à direita do golpismo brasileiro.

19 de fevereiro

É isso. Esse é o problema maior. A desmobilização e desarticulação política democrática real no espaço público atual. Ela tem muitas frentes. O alinhamento total do Capital, com seus vários aparelhos ideológicos de Estado, para a destruição do governo e da ideia da esquerda democrática no Brasil. A criminalização da esquerda, sem resposta política efetiva da própria esquerda. A fragmentação do campo crítico em identitarismos imaginários simbólicos, que abandonam as políticas universais, e fazem política de grupo e pessoalidade. A redução do espaço crítico à internet, e ao teatro imaginário narcísico, especular, do Facebook... por isso tudo, e por uma profunda articulação maníaca da própria esquerda no poder no tempo lulopetista, com a força imanente endógena da mercadoria representando os próprios feitos do poder carismático, e sendo assim conservador de mercado – tendente ao liberalismo de consumo – no meu estudo sobre o poder de Lula na presidência pensei que se criava um mundo político anticrítico desde aquela época, exatamente o que você aponta agora, um mundo político sem mobilização política efetiva, sem sequer o senso de política. Cultura anticrítica.

20 de fevereiro

De 15 anos para cá, tem havido, em várias partes do mundo, uma reativação dos nacionalismos, dos fundamentalismos e dos racismos. É um movimento que envolve a crise gigantesca do capitalismo que ocorreu a partir de 2008 e desorganizou a integridade econômica e ideológica do processo de globalização, que ordenava a produtividade econômica e ideológica. Começam a surgir as soluções psíquicas simplistas para substituir a análise de um processo contemporâneo complexo. Isso ocorre porque eles, os fascistas, são incapazes de investir nessa elaboração complexa. A saída é encontrar um inimigo para justificar tudo: o negro, o estrangeiro, o árabe, o petista. A culpa é de alguém que eu conheço, de um inimigo imediato contra quem eu estou autorizado a cometer uma violência. O extermínio desse inimigo imediato repõe a ordem.

3 de março

Por vezes estamos tão perdidos em nós mesmos quanto achamos que o mundo está perdido nele próprio. Tão arruinados que é melhor não querer tirar nada daí. Tão vazios que desconfiamos que só teremos uma nova chance sendo inteiramente outro ou algo definitivamente novo por fim. Se chegarmos a ter nova chance diante de tal panorama realmente fantástico. Nos aproximamos da morte já a conhecendo com uma certa intimidade em vida. No fundo tudo isto é bom. Deve ser bom. Mas, na forma existente, desexistente, dói, e apenas dói demais.

10 de março

A redução desestruturante dos Estados Unidos e da Europa a Homem, e do Capitalismo a Branco é política na escala do corpo.

15 de março

Execução. Mulher, negra, de comunidade, de esquerda. Política. É preciso uma união antifascista já. E parar o país contra a cultura política do ódio, da direita criminosa.

16 de março

Ela foi assassinada. Uma morte política. Quem relativiza o sentido deste crime apenas participa do seu desejo. Grandes canallhas justificando o espírito criminoso que estabeleceram no país. Quem matou Marielle? Quem comemora sua morte.

17 de março

Marielle é algo mais profundo do Brasil. Mais profundo do que o sistema contemporâneo de sentidos que a envolviam, e em nome dos quais falava. Ela é a voz mulher e negra do povo brasileiro que ganhou força de falar a partir de si própria. Na política, como política. Na vida, como povo. E por traz dela existem dezenas, centenas de outras Marielle, Bubas, e tantas outras. O rolê tá só começando.

18 de março

Muita gente de bem, classe média golpista, inimigos dos direitos humanos. O Brasil é o país em que mais se mata defensores dos direitos humanos. Bárbaros cínicos golpistas tendem para o fascismo.

18 de março

Quem comemora a morte de Marielle a matou. Quem tenta despolitizar o crime é cúmplice. Qual é a sua?

19 de março

Necropolítica.
Necrogoverno.
Necrogovernistas.

20 de março

Brasil denunciado na ONU. Desrespeito sistemático aos direitos humanos do Brasil, contra negros e pobres, um problema de todo o mundo.

20 de março

Existem pessoas que entendem a luta política como o direito de eleger outras pessoas para atacar e tentar humilhar. Projetar dores é suficiente e é tudo. Essas pessoas estão em todos os espectros dos circuitos ideológicos contemporâneos. Esta política imaginária do poder direto de um sobre o outro, "uma supremacia qualquer", dizia Machado de Assis, é conservadora da ideia do poder como real gozo imediato, vitória sem mediação sobre a existência de alguém, que pode e deve ser reduzido a nada, ao mal, ao objeto do escárnio. É o escárnio real que importa, não o outro, seu suporte. Só assim, na operação de um poder qualquer sobre um outro, de fato existo, diz essa política, em um mundo em que só o poder de fato importa. Micropolítica do gozo imediato. Da vitória sobre o outro mais do que imediato. Microfibra, pequeno sonho, da microfísica do poder. Pequena alegria sádica, que dispensa todo "trabalho do outro", disseminada pela vida e pela cultura, exército rarefeito da maledicência e do real desejo de machucar, na impossibilidade de se atingir o poder de fato, que determina todas as vidas. Na impossibilidade de se destruir o Banco Itaú, a Rede Globo, a classe dominante mundial, se tenta destruir qualquer outro aí, que esteja bem próximo de mim, no plano dos pequenos narcisismos, criado imaginariamente para ser o portador de todos meus males. Pequena política odiosa, muito feliz na produção de inimigos nessa vida que já é tão imensamente ruim.

21 de março

Por outro lado, a violência contemporânea nas relações entre pessoas de caráter político, e a agressividade e violência das perspectivas dos grupos que defendem suas comunidades de compromisso, são também e certamente um modo de sinalizar desníveis de poder e naturalizações de gozos de privilégios. Em um nível civilizatório simbólico, ou na crítica de estruturas que são objetivas da reprodução do poder, a agressividade dos múltiplos grupos sociais e históricos – mulheres, negros brasileiros, gays ou trans... – também revela a inércia do poder em reconhecer a sua própria violência. Em conjunto são partes do processo crítico à vida social do poder, aspectos estratégicos da luta de classes e luta por outra ordem de vida e sentido, recalcada e deformada no presente. A agressividade do oprimido é sempre correlata à força de naturalização do modo de ser do opressor, uma agressividade imensa sublimada repressivamente como regra do jogo cultural e social.

26 de março

Sete anos atrás Denise Ferreira Da Silva escrevia isso, de Londres. Hoje, com o Brasil conflagrado em políticas de militarização da crise social – racistas, antihumanistas e de desprezo por pobres e seu destino – e de cortes neoliberais em todos os níveis – muito fortes na educação... – enquanto se aumenta abertamente os gastos com polícia e exército nas ruas, tudo piorou. Tudo apenas piora. Há uma crise mundial do Capitalismo em curso. Há uma ilusão bárbara, num mundo de fragmentação e privatização de tudo, de que apenas o poder explícito sobrevive. É o neofascismo e a mentalidade neofascista, boçalidade do mal, que parece eclodir em toda parte. Inclusive em nós mesmos. Para onde vamos?

"*A beautiful day, today, in London! We need many more good days, more on the streets everywhere! Too many held by the forces of global capitalism, the dispossessed everywhere – in jails, prisons, immigration detention centers, refugee camps, occupied territories, you name it – already have their future taken away from them. Now these forces threaten to steal the hope to retrieve the future for everyone! No pasarán!*"

Um lindo dia hoje em Londres! Precisamos de muito mais dias bons, nas ruas de todos os lugares! Muitos presos pelas forças do capitalismo global, os despossuídos em toda parte – nas cadeias, nas prisões, nos centros de detenção de imigrantes, nos campos de refugiados, nos territórios ocupados, como se diz – já têm seu futuro sequestrado. Agora essas forças ameaçam roubar a esperança de recuperar um futuro para todos! Não passarão!

24 de março

Leonardo Antunes agaradece o prêmio:

> Agradeço esta distinção do prêmio,
> que muito me emociona, por motivo
> de que esse meu livrinho de sonetos
> trata de coisas muito dolorosas:
> de condições precárias de trabalho,
> de depressão, de dor, de suicídio,
> da exploração do corpo da mulher,
> de uma desesperança incontornável.
> Fico um pouco sem graça e constrangido
> de receber um prêmio por um livro
> que narra tanta dor, tanta injustiça.
> Melhor seria nunca tê-lo escrito,
> num mundo que não carecesse dele.
> Enfim, muito obrigado e boa noite.

27 de Março

Tiros contra os ônibus da caravana de Lula no sul do país. Tiros. Após as pedradas, espancamentos e chicotadas na militância que queria vê-lo, atos de violência real meio tolerados, meio celebrados – dependendo de onde se vê a coisa, de quem vê, de que revista, site ou jornal, notícia, daqui ou dali – tiros… Tiros.

29 de Março

As ambiguidades e as tendências favoráveis dos conservadores liberais – tidos até segunda ordem por democratas – e seu apoio genérico e cínico aos reais fascistas, autoritários e criminosos políticos que se expressam com total liberdade hoje, não são apenas dubiedade e falha moral e de caráter, de pessoas com dificuldade de compreender o significado da violência na política, porque abandonaram o senso histórico, e do valor dos direitos, a começar pelos humanos, em uma democracia. Muito pelo contrário. A tendência dos liberais em assobiar para o alto, e fingir normalidade política, enquanto seus pares da direita apaixonada espancam pessoas, chicoteiam adversários políticos, atiram em ônibus e ensaiam o linchamento real da esquerda, como mataram e comemoraram o assassinato de Marielle Franco, toda essa dança cínica que com um passo recusa a gravidade do estado bárbaro a que chegou o espaço público político pós-impeachment, e com outro acena de modo liberal para a ação de reprodução do ódio e ameaça de extermínio, é de fato uma política, uma estrégia para o poder, e um desejo de que as coisas sejam assim dos próprios liberais. Como todos sabemos, todo o processo anormal de virada de mesa política do impeachment foi construído desde o primeiro momento e sempre com o pacto social autoritário e conservador entre direita liberal "moderna" e extrema direita arcaica e amante da violência direta na política. A ponto que muitos dos grupos "liberais" que organizaram as estratégias políticas da tomada das ruas pelo impeachment em 2015 não poderem de nenhum modo serem discriminados dos atos e interesses fascistas do tempo, e são liberais econômicos radicais que propõem estado ativo na violência contra pobres, censura de cultura, arte e professores, destruição dos elementos críticos da cultura em nome de entidades e valores em crise fixados como a natureza das coisas sociais. São liberais do dinheiro e autoritários e interventores da cultura, da liberdade de expressão e crítica e do direito de organização social democrática. De fato estes falsos liberais do alheio, como dizia Machado de Assis sobre os seus antepassados escravistas, sempre aceitaram, toleraram e andaram de mãos dadas com a turba enlouquecida por ódio irracional, pronta para cometer qualquer crime antidemocrático por sua ideologia do direito à violência simples, primitiva como um sacrifício ritual. Os liberais se utilizaram fortemente da paixão fascista. E os fascistas se utilizaram do cinismo liberal para se legitimar e passar a agir à luz do dia na cultura política brasileira. O que não podiam fazer desde 1985... Todas as frentes políticas da direita, do neoliberalismo de liquidação total dos compromissos sociais do Estado brasileiro, ao fascismo bocó burro e grosseiro do bonossaurismo, de fato se mobilizaram e andaram felizes juntos, foram passear na Avenida, para alimentar a estratégia do desmonte da democracia e da derrubada do governo de esquerda pela carta coringa, perversa porque parcial, da responsabilidade infinita da esquerda pela corrupção do sistema geral da política brasileira. Foi um pacto do autoritarismo do dinheiro, democrata até a página dois, com o autoritarismo de violência direta antissocial, que produziu a força política para o impeachment. Neste pacto se produziu a real força da nova direita. Estes homens maus e violentos, dispostos a qualquer crime, uns engravatados em suas empresas, aguardando novas oportunidades de negócios com a quebra dos direitos do trabalho no Brasil, outros ensandecidos com seus destinos ruinosos, e alimentados pelo espelho odioso na internet, tem de fato, até segunda ordem, um projeto comum para o Brasil, que passa pelo aberto aumento e uso estratégico da violência na política e na vida. Todo processo da crise do impeachment, do golpe da democracia, foi movido por uma real liberalização da violência, e pela instrumentalização da política do ódio dessa nova direita antissocial brasileira. O autoritarismo de liquidar a legitimidade do processo do poder de Dilma Rousseff batendo panelas e gritando enlouquecidamente nas ruas contra o "comunismo do nada" da esquerda democrática e capitalista brasileira evoluiria fatalmente para o próximo passo, bater nos homens, espancar o corpo, calar, ferir e barrar a ação política do adversário com violência direta. O próximo passo, como nos diz a história, é a organização de máquinas de assassinato e extermínio, apenas o deslocamento das máquinas que já fazem isso com pobres negros, para a esquerda existente. Fascistas e neoliberais andam juntos desde a origem de toda a crise e dividem o serviço da violência, nas ruas e no Estado. Por isso, meios de comunicação, homens elegantes ricos, mulheres finas da alta sociedade, empresários em busca de mais valia absoluta e direta, e de militarização da crise social que criaram, desconversam, enunciam sempre um "mas" balbuciante, e fazem críticas tão tênues às ações de violência na política que nem sequer se configuram.

30 de março

Racista, homem branco cis hétero, comunista, esquerda branca, intelectual branco, esquerda institucional, esquerdomacho, petista, anarquista, vagabundo, bolsominion, fascista, feminista, feministas americanas, feministas francesas, radfem, feminazi, identitário, negro, mulher negra, neonegro, evangélicos, LBGTQ, golpista, coxinha, tucano, gente de bem.

Um político preso, um preso político

ENTREVISTA A ANDRÉ DE OLIVEIRA, EL PAÍS BRASIL

ANDRÉ DE OLIVEIRA: *Do ponto de vista simbólico da Política, o que significará, daqui para frente, o ex-presidente Lula preso?*
TALES AB'SÁBER: É provável que, mesmo preso, em meio a um cenário estranho e excêntrico de judicialização da política que vem ocorrendo no Brasil – focado até agora quase exclusivamente no PT e em Lula –, os brasileiros que viveram e melhoraram de vida sob os dois primeiros Governos do ex-presidente, continuarão sonhando com ele. Talvez, a partir de agora, sonharão até mesmo com mais intensidade. Já que além da memória de uma época em que mudaram de vida, agora há o aspecto sacrificial de seu percurso e de perdas de perspectivas a que esses mesmos brasileiros foram lançados nos últimos anos – como decorrência de uma política econômica neoliberal, um esquema de corrupção por enquanto inatingível pela Justiça e o desprezo pela vida popular do governo pós-impeachment.

De quem você fala especificamente quando diz desses brasileiros que continuarão a sonhar com ele? Apenas a esquerda militante que simpatiza com ele?
Não só, mas também daquele extrato da sociedade de pobres conservadores que o consideravam um risco lá atrás e que hoje são os 30% de brasileiros que lembram de Lula e de seu bom governo e simplesmente o elegeriam novamente pre-

sidente a qualquer momento. Eles, depois das políticas sociais que beneficiaram sua vida e depois de um trabalho de 20 anos de investimento de uma legião de intelectuais e homens de esquerda para legitimar a figura de Lula, passaram a confiar plenamente no ex-presidente. Tornaram-se, assim, parte da narrativa de sucesso, que está muito longe de ser apenas uma mera narrativa, que os pobres alcançaram durante os governos de Lula.

Como você viu o discurso de Lula no Sindicato dos Metalúrgicos, logo antes da prisão?
O ponto central foi a ideia de que, a partir de agora, ele é uma ideia. Quando ele fala em ser uma ideia, que pertence a todos, ele evoca termos universais para repor a força do desejo político de cada um. Lula não é um demagogo comum, nem um manipulador regressivo, antidemocrático, como existem tantos por aí hoje. Ele é a encarnação viva, numa potência de corpo única, do conflito entre capitalismo e democracia, em um país periférico e incompleto. Como representante democrático e negociador do conflito de classes que sempre foi, ele tem razão ao dizer que é uma ideia. Isso porque essa ideia de um mediador entre os excluídos e a ordem econômica capitalista é algo que não morre, porque é estrutural do problema da vida social. Essa ideia é uma das faces da própria democracia e ele encarna isso. Lula está no núcleo estrutural dessa questão: a democracia em sociedade de mercado responde ou não responde aos interesses de pobres e excluídos? Ou é democracia apenas para os detentores do poder de mercado? A ideia da dialética política dos conflitos de classe, de modo democrático, que é a defendida por Lula, é uma virtualidade civilizatória da própria de-

mocracia. Então, se de fato houver democracia, essa ideia é necessária, e não morre.

Apesar da barba e da fala enérgica do líder sindical, Lula nunca foi um radical, não é estranho que essa imagem seja colada a ele agora?
Essa imagem só vale para a parte da direita mais grosseira brasileira, a que tem feito tanto estrago na vida nacional e constrangido todo o espírito democrático. É claro que Lula sempre se moveu em uma corda bamba política, na qual ele se equilibrava bem. Sempre ficou entre assumir e convocar os interesses sociais populares, que foram muito tardiamente representados no poder executivo brasileiro, e negociar condições políticas e força institucional real por meio da interlocução com os interesses reais do capital nacional. Seu projeto, muito longe de qualquer radicalismo, foi um modelo de capitalismo nacional, integrado aos fluxos globais. Um plano de desenvolvimento de economia produtiva e de mercado interno, que empregava, produzindo aumento constante da inserção no trabalho e no consumo – a única moralidade que o capitalismo conhece, segundo Keynes.

Mas o que explica, então, a eleição de Lula por parte da sociedade como o pior mal da nação?
O que se viu no Brasil nos últimos quatro anos – desde quando a crise econômica mundial se agravou durante o Governo de Dilma Rousseff, dando sinal para a guerra aberta que vimos em seu segundo mandato – não foi apenas um ataque de parte da sociedade ao Lula, mas algo que visou degradar toda a esquerda ao atacar a sua imagem. Estamos vivendo um estado de guerra total em que há uma política de ódio paranoica muito primitiva em que o alvo é a esquerda democrática contemporânea. Não à toa, do nada, foi rein-

ventado um anticomunismo delirante. Há uma massiva metafísica do mal, muito violenta, um desejo gnóstico negativo, que permite o desprezo total pelo inimigo imaginado que, no caso, é Lula, representando toda a esquerda. Foi assim que a direita brasileira, em um estado de paixão que, entre outras coisas, produziu toneladas de mentiras infindáveis na internet, alcançou um grau de intolerância elevado. Lula é amado demais, e odiado demais também. Torna-se a obsessão de todos. E mesmo sendo um imenso democrata, como Lula é, será odiado. É difícil para o todo do poder de classes no Brasil ser confrontado diretamente pelo poder de um único homem. O sacrifício de Lula é social, realizado por grandes conflitos simbólicos de classe. O poder instituído não pode tolerar um homem que sozinho tenha tanto poder pessoal, carismático. E o resultado da sua ausência, e do PT, do espaço político brasileiro é a liberação de todo poder, e a real face antissocial, do capital brasileiro.

Você definiu o Lula como um "herói da luta de classes" no Brasil, mas sua imagem de radical ficou para trás faz muito tempo. Por que essa definição?
Lula fez um Governo entre as bolsas sociais para os brasileiros muito pobres, as desonerações de impostos básicos e o financiamento de consumo de bens fundamentais para boa parte da população que não podia consumir em um mundo cujo centro simbólico mais forte é o próprio consumo. Por outro lado, houve sempre o enriquecimento dos muito ricos, com as garantias econômicas de um ativo governo desenvolvimentista. Nenhum contrato foi rompido, o superávit fiscal foi mantido e até ampliado, a inflação controlada e a vida econômica, com trabalho formal e com direitos trabalhistas, disparou o crescimento do país. O cenário internacional era

favorável a essa política interna mais rica. Assim, depois de seus dois mandatos bem sucedidos, Lula ficou imensamente poderoso. Era celebrado pelos pobres, que se sentiam contemplados de modo digno e raro no Brasil. Mas também foi celebrado pelos mercados que estavam aquecidos e que enriqueciam. Além disso, sua política sempre conciliadora aceitou o arcaísmo e a regra do jogo da corrupção universal, que foi mantida durante todo seu governo. Assim, nessa época, ele era uma solução para todos.

Um "herói" pelo fato de ter conseguido conciliar diferentes brasis durante oito anos?
Sim. Projeto político de conciliação dos contrários. Mas também pela imagem que se acabou criando ao seu redor. Durante este período importante da vida de Lula, o de seus dois Governos, seu valor nos corações e mentes dos brasileiros cresceu muito a seu favor. Com a investidura simbólica do cargo de presidente e com a sua linguagem e performance pessoal hábil e rica, de caráter moderna e popular, além do seu *habitus* de classe renovado por sua própria história de ascensão e experiência, Lula se tornou um verdadeiro super-herói carismático, no país e no mundo. Ele se elevou ao nível mais fluido e universal do carisma político contemporâneo, o *carisma pop*, que aproximava e ligava o seu sucesso econômico, o seu charme pessoal, a sua habilidade de linguagem e presença de espírito com a própria excitação da vida animada do mercado mais comum que acontecia no Brasil. Tudo confluía para o seu poder e a sua propaganda, natural industrial. Nenhum político brasileiro jamais conseguiu isso, e talvez nenhum outro jamais o consiga neste nível.

Fascismo comum, sonho e história

Uma das realizações de regimes fascistas efetivamente operando em seu mundo é a produção daquilo que George Orwell chamou de *novalíngua* em *1984*. O regime fascista sempre pesa sobre a língua e a própria linguagem, como pesa originalmente sobre o psiquismo disponível ao passado do fascista. Ele completa e torna densa a relação de cisão e de poder existente entre a linguagem e a realidade social. Fixada por violência e pelas balas e bombas do poder, no fascismo a ideologia tende a se tornar o *real*, fazendo efeito mesmo como outra *coisa* sobre o sonho, dando à linguagem a concretude da pedra, a que se atira sobre o inimigo e a que esmaga e paralisa a possibilidade de circulação da diferença.

Atirar pedras, espancar, torturar ou fazer barulho, ou bater panelas…, para assustar o inimigo evocando um estado de guerra primitiva, imaginária ou real, são traços e operações de poder arqueológicos, que deixaram a marca de horror que pressupunham na própria linguagem do futuro, reduzindo o sabido voo do espírito ao ato material sobre o corpo do outro. São traços do passado distante que podem voltar, como memória *da forma*, do ato e da coisa, e não do sentido, trabalho do pensamento que não existe aí.

O passo final das clivagens fascistas, das suas certezas que legitimam a violência e o extermínio, a tortura e o escárnio dos adversários políticos, seus gozos de massa, de sua falsa identidade de uma superioridade qualquer, de sua vida prática que busca a ação e que recusa fortemente qualquer conhecimento mediado, criativo ou crítico de algum modo é uma ampla curvatura descendente no plano da linguagem, o carregamento excitado das palavras que tende ao concreto de seu valor, o desprezo aberto por outras palavras que devem ser recusadas, negadas, o deslocamento do plano do léxico e da semântica para outro centro gravitacional cuja natureza política é interessada, e imensamente triste.

A partir de 1939, o carro de corrida foi substituído pelo tanque, e o motorista de automóvel foi substituído pelo *Panzerfahrer* [motorista de tanques]. (…) Durante doze anos, o conceito e o vocabulário do heroísmo estiveram entre os termos prediletos, usados com maior intensidade e seletividade, visando a uma coragem belicista, a uma atitude arrojada de destemor diante de qualquer morte em combate. Não foi em vão que uma das palavras prediletas da linguagem nazista foi o adjetivo *kämpferisch* [*combativo, agressivo, beligerante*], que era novo e pouco usado, típico dos estetas neorromânticos. *Kriegerisch* [guerreiro] tinha um significado muito limitado, fazia pensar somente em assuntos de *Krieg* [guerra]. Era também um adjetivo claro e franco, que denunciava a vontade de brigar, a disposição agressiva e a sede de conquista. *Kämpefersch* é outra coisa! Reflete de maneira mais generalizada uma atitude de ânimo e de vontade que em qualquer circunstância visa a autoafirmação por meio de defesa e ataque, e não aceita renúncia. O abuso da palavra *kämpferisch* corresponde ao uso excessivo, errado e próprio do conceito de heroísmo. (…) Desde o primeiro dia de guerra até a queda do Terceiro Reich, todo heroísmo em terra, ar e mar usou uniforme militar. Na primeira guerra ainda existia um heroísmo civil por tráz da linha do *front*. E agora? Até quando haveria um heroísmo ali? Por quanto tempo ainda haveria vida civil?[1]

Em seu estudo sobre a degradação e a produção de linguagem própria do nazismo alemão e seu regime o primeiro ponto que Victor Klemperer destaca e recorda é a busca de uma fusão da ideia de belicosidade comum e desabrida, agressividade na vida, com a política ampla da transformação de tudo o que existe e vive no mundo em "guerra". Configurando uma construção em que a guerra deve se tornar total, *interna aos sujeitos*, ato de subjetivação e de ser, e o horizonte de todo o mundo externo existente, da cultura, o mundo do nazismo era a substituição da vida civil pela vida como batalha sem sobreviventes. *"O carro de corrida foi substituído pelo tanque, e o motorista pelo panzerfahrer". Kämpeferch.*

Assim do velho mundo esportivo e de espetáculo técnico, ligado à cultura liberal, o mundo cotidiano do elogio da competição e do desempenho – desempenho de mercado, e de guerra, "cujo princípio é o mesmo" dizia, simplesmente, Marcuse –, do prazer da vulgaridade agressiva cotidiana e comum na vida moderna, sublimada na forma da própria técnica – o bólide do carro de corrida, objeto fálico de um gozo que voa rápido e vai na frente, ultrapassando a cultura que o segue como empuxo e como vácuo, o progresso –, a cultura nazista então tira o peso da façanha individual, desrealizando-a, e a esquece, poderíamos dizer, concentrando todas as intensidades inteiramente na língua da façanha técnica de Estado, das divisões panzer maciças e pesadas, dos tanques que ocupavam imenso espaço concreto

---

1. Victor Klemperer, LTI, *a linguagem do terceiro reich*, São Paulo: Contraponto, 2009, p. 42.

no mundo, reais corpos lentos do sentido mas totalitários na torção que fazem do próprio espaço com sua presença, ocupantes imensos de espaço vital também na própria língua.

O deslocamento é expressivo, habita os significantes e os sintagmas da vida, configurando uma espetacular regressão tópica, temporal e formal no interior da própria linguagem: do indivíduo, da competição, da técnica e do mercado, como sonho comum do mundo liberal burguês, à massa social fundida ao Estado, a ocupação concreta do espaço, a tecnologia bélica e a guerra, como espírito comum do tempo.

A restrição e a alteração da vida imaginária, e do universo de palavras disponíveis era uma realidade política clara do fascismo, e do aberto aventuroso do mundo excitado do brilho individual e burguês, chegávamos ao fechado, invasivo, bélico, destrutivo e pesado, como o Estado, do tanque de guerra alemão, ou italiano. "Renuncia-se a vida do espírito, que a senhorita valorizava...", diz Klemperer a uma amiga em plena ascensão do nazismo, nova convertida que justifica tudo.

Semântica e léxico sociais estavam alterados, na direção da restrição, comunhão orgânica e do peso, além da belicosidade como cultura. *Panzerfahrer*. *Kämpefersch*. Era o espírito do tempo, de uma solução – ou *dissolução* – em violência da crise aguda do capitalismo da época, que falava, encarcerando e aproximando as palavras da luta desabusada e direta e do bando em busca de confusão e sacrifício, mais baixo e comum. O bando que renunciou à linguagem.

Em seu estudo sobre a ideia do *ur fascismo*, das condições de irresponsabilidade, transcendência e ativação da violência presentes em todo movimento histórico de tipo fascista, Umberto Eco também anotou algo a respeito da vida das palavras em um regime de ordem e progresso muito autoritário, centralizado no líder do Estado:

Em 1942, aos dez anos, eu ganhei o primeiro prêmio do Ludi Juvenelis (concurso de livre participação forçada para jovens fascistas italianos, a saber: todo jovem italiano). Havia discorrido com virtuosismo retórico sobre o tema: 'Devemos morrer pela glória de Mussolini e do destino imortal da Itália?' Minha resposta foi sim. Eu era um garoto esperto. Depois, em 1943, eu descobri o significado da palavra 'liberdade'. Naquela época, 'liberdade' ainda significava 'libertação'. (…) Na manhã de 27 de julho de 1943 foi-me dito que, de acordo com as comunicações lidas no rádio, o fascismo havia caído e Mussolini havia sido preso. Minha mãe mandou-me comprar o jornal. Eu fui à banca mais próxima e vi que os jornais estavam lá, mas os nomes eram diferentes. Além disso, após um breve olhar pelas manchetes, percebi que cada jornal dizia coisas diferentes. Comprei um ao acaso e li uma mensagem impressa na primeira página assinada por cinco ou seis partidos políticos, como Democratas Cristãos, Partido Comunista, Partido Socialista, Partido da Ação, Partido Liberal. Até aquele momento de minha vida eu acreditava que havia apenas um partido para cada país e que, na Itália, havia apenas o Partido Nacional Fascista. Eu estava descobrindo que no meu país poderiam existir jogos políticos diferentes, simultaneamente. Não só: como era um garoto esperto, logo percebi que era impossível que tantos partidos houvessem surgido de um dia para o outro. Entendi que eles já existiam como organizações clandestinas. A mensagem celebrava o fim da Ditadura e o retorno da liberdade: liberdade de expressão, de imprensa, de associação política. Estas palavras, 'liberdade', 'ditadura' – Deus meu – foi a primeira vez na minha vida que as li. Em virtude dessas novas palavras eu tinha renascido como um homem ocidental livre.[2]

---

2. Umberto Eco, "Ur Fascismo (O Fascismo Eterno)", https://bit.ly/2xqznhR

O menino do interior da Itália – como Fellini recorda também em Amarcord – vive, em julho de 1943, um rápido movimento avesso àquele do espírito pesado que tomou o mundo moderno muito fixado de Klemperer.

Após passar a sua vida sob o regime fascista de Mussolini o menino sabe escrever bem sobre a submissão da vida à pátria e ao líder controlador. Palavras e pensamentos convergem unidas, na criança, para o poder. Ele sabe participar corretamente da convocação *livremente forçada de todo garoto fascista, ou seja todo menino italiano*, para reproduzir e aumentar o poder do Estado e seu guia. Ele sabe ser esperto e mobilizar a língua de algum modo, como sempre saberia, para reconhecer e ser reconhecido pelo regime que o formou, que o formou tanto quanto a própria mãe, evocada por um segundo no relato, um fio de continuidade de si mesmo em um mundo que se revolucionava e se abria em um cenário histórico de possibilidades.

No entanto, o futuro linguista e romancista pós-moderno desconhecia completamente o significado de certas palavras da própria língua quando públicas e políticas, e não sabia do movimento da vida de amplos aspectos da história, imagens da vida, que se elidiam em conjunto com o esvaziamento da vida das palavras banidas. Toda uma semântica da vida social lhe fora realmente ocultada, subtraída, toda uma matéria de sonho lhe fora duplamente recalcada, em seu mundo fascista quase por natureza das coisas. Toda uma estrutura da emergência mesmo do sentido lhe era desconhecida. Ocupada por outra ordem de sonhar, e natureza de desejo, que nomeava tudo de um outro lugar, *livre forçado*, em que ser italiano era idêntico a ser fascista, a vida dos conceitos básicos da política moderna, e suas palavras, lhe eram exotéricas.

Suas energias de vida foram condensadas no sistema de sentido das coisas políticas em que crianças de dez anos deviam escrever nas escolas de toda a Itália sobre o valor de se morrer pela pátria, concentrada na figura do líder que a enuncia com o próprio corpo. Outra vez, os sentidos fortemente restritos, muito menos do que uma capacidade de sonhar, aproximavam abertamente a subjetividade da capacidade de morrer, e de matar... O sonho fixo das palavras que emanam do corpo do líder e do projeto político extenso na cultura dissipa nuvens mais amplas de sentido, de praias e de passagens da dinâmica política, de imagens, de direitos, de experiências, mas também *do próprio nome dos direitos perdidos* e já não mais sonhados. Essa destruição, forçada livre, também constituía uma prisão na própria ordem das palavras, como deixa claro o menino linguista.

Para além da violência direta, o sistema político que estreita os espaços entre a esfera pública e o braço excitado de quem espanca, atira, tortura e mata, o fascista queria imprimir no campo da representação pública um conjunto de palavras aproximadas da coisa mesma que representam, enquanto também extirpa, como um cirurgião carniceiro do simbólico, mundos e mais mundos de possibilidades de sentido e de experiência, que desfalecem em conjunto com a morte programada do outro na cultura. A cultura programática da morte e do extermínio, é cultura da morte de palavras, e com elas, de sentidos.

Liberdade de expressão, de imprensa, de associação política, múltiplos partidos, um espaço público concebido como plural, de múltiplos jogos simultâneos e ocorrendo em múltiplas temporalidades sociais. Foi neste espaço de outra forma que o menino fascista foi lançado subitamente. Tudo deve ter sido vertiginoso, uma onda de erotismo na cultura, que trouxe de volta palavras e modos de viver *que estavam sobre ocupação fascista*. Sim, pois sabemos desde Sade que a grande maquinaria necessária do gozo sádico, sua catedral de posse e tortura, é apenas assessório, necessário, para o controle e o uso absoluto do corpo do outro: as palavras coincidem com a máquina de tortura que coincidem com o gozo fascista. Qual terá sido o choque de uma certa ideia de liberdade, no sentido da possibilidade da vida se mover em variados pontos e sistemas de sentido, partidos políticos e zonas de linguagem, *versus* o termo, também inexistente no sistema da restrição social da força fascista, "ditadura"?

De um lado, Eco descreve uma descompressão social, uma explosão de sistemas de vida e de linguagem, outras apostas sobre o campo político, outros desejos, articulados à ideia de um campo social *livre*. Outra produção de vida, outras palavras. O peso do líder Estado, do seu desejo de morte restritiva do nome das coisas que existissem sem ele, de seu tanque de guerra universal do sentido, de sua cultura do insulto, da belicosidade e da organicidade – vimos bem em Amarcord, com sinal de liberdade e ridículo *a posteriori* – de um senso de historicidade em que muitos agentes disputam o sentido das coisas humanas, que deviam ganhar um ponto em dialética, o que implica na sua real abertura para a história. *Ditadura*, *liberdade*.

Podemos intuir bem no relato como a cultura fascista é o negativo realizado de um espaço de vida entendido como multiplicidade, da pluralidade mínima dos direitos liberais coordenados pela sociedade de classes, ao que poderia chegar a ser ainda a pluralidade máxima "de cada um segundo as suas capacidades, a cada um segundo suas necessidades", de um virtual socialismo democrático realizado. Assim, de fato, o cinema italiano do pós-guerra era popular, livre, aberto à rua, humanista e revolucionário. Se sua real esperança socialista foi barrada no processo de redemocratização visando ao mercado mundial – o que levou Pasolini ao final dos anos 1960 a falar em um novo fascismo, *fascismo de consumo* – sua força de experiência e valor desejante de humanidade de fato revolucionou o mundo do cinema, e o cinema mundial, nos anos 1950 e 1960. Eco nos dá a medida de ressubjetivação da expansão forte do mundo das palavras, seu rápido desdobramento do plano da cultura em seus novos termos, que representam práticas do público e do político, o mesmo fenômeno de expansão humanista democrático e formal maravilhoso pelo qual vemos a vida no cinema italiano do pós-guerra. O menininho viveu a mesma emoção e expansão da vida que vemos, a própria forma, em um filme de Rosselini ou de Sica, que contavam aquela mesma história. Um cinema que se expandiu com tal força e de tal forma que criou, a partir da sua expansão antifascista, todos os cinemas nacionais e modernos do mundo, a partir dos anos 1950 e 1960.

Vejamos o impacto mais forte desta diferença, entre a cultura da concentração e do peso, organizada para a guerra, e a cultura da multiplicidade, organizada para a ideia de fundo moderna de alguma liberdade. Sonhos podem nos dizer ainda melhor a natureza dessa relação política, de choque, sobre o corpo simbólico de uma pessoa em uma cultura que se restringe à violência política que a cerca. As camadas políticas e concretamente sociais, históricas, que sempre habitam o sonhar humano – como já nos diziam Roger Bastide e também Theodor Adorno, e como Freud foi o primeiro a mostrar, na série de sonhos políticos de *A interpretação dos sonhos*, conhecida como os seus *sonhos romanos* – nessa hora histórica limite se representam ainda com maior nitidez.

Porque o sonho é o limite simples da resistência, a fonte da mobilidade psíquica, o único resto da ideia de liberdade, o que o fascista visa é de fato dominá-lo, paralisá-lo, reconfigurá-lo mesmo como forma: de sua negociação civilizatória fundamental, da metáfora, da distância e da poesia do sonhar, do exílio humano sonhado em sentido, à ação direta de descarga e de recusa da existência do outro. *Kämpefersch*. Um dos alemães antinazistas, que eram obrigados a viver sobre Hitler, sonhou, em 1934:

> A SA instala arames farpados nas janelas dos hospitais. Jurei para mim mesmo que não admitia isso em minha seção, caso chegassem com seu arame farpado. Mas acabo permitindo que o façam e fico ali, a caricatura de um médico, enquanto eles quebram os vidros e transformam um quarto de hospital em campo de concentração com arames farpados. Mesmo assim, sou demitido. Porém, sou chamado de volta para cuidar de Hitler, pois sou o único no mundo que pode fazê-lo: fico tão envergonhado de meu orgulho que começo a chorar.[3]

O sistema fascista de linguagem, de cultura, é um sistema de ações. Um sistema de ocupações ativas de sentido do espaço da vida simbólica pública, das subjetivações e, no limite, dos próprios sonhos. O mais íntimo, e aquilo que resiste, como dor, a toda violência. Toda mentira e toda linguagem fascista é uma ocupação de choque do real, uma mudança de sentido das coisas do mundo: arames farpados nas

---

3. Charlotte Beradt. *Sonhos no terceiro reich*. São Paulo: Três Estrelas, 2017, p. 78.

janelas do hospital, o hospital torna-se o campo de concentração, revela toda a agressividade e política que ele costuma ocultar e sublimar na vida comum. O campo do simbólico, espaço de movimento e vida do próprio sonho, é invadido pela coisa mesma de uma cultura que se torna farpada e violência expressa. *A coisa penetra o espaço do símbolo*. Ao final é o próprio Hitler que faz exigências ao sonhador, porque de fato é o fascista que faz exigência simplesmente a tudo.

A cultura da mentira fascista é cultura de inversão do valor e dos sentidos das próprias coisas, uma ação invasiva e violenta para que as coisas mudem de nome, não sejam mais o que são. Não por liberdade elas devem alterar sua substância, não por erotismo ou por criação. Mas por desejo do poder. Para que hospitais se tornem prisões, e "profissionais liberais", ou homens públicos sirvam ao poder real, se alinhem com o seu desejo, se tornem "médicos de Hitler". A mentira pública sistemática do poder busca com insistência a invasão ativa dos espaços concretos, a destruição das *fronteiras significantes* da democracia sempre claudicante, de modo a degradar a natureza dos objetos, das coisas e seus sentidos, a favor de seu núcleo de força, produtor puro de poder. Como veremos, os próprios limites significantes das palavras entram em crise. Elas estão de fato sendo dissolvidas, para ganhar nova configuração desde a estrutura do desejo fascista, que penetra o mundo, que mais *quebra os cristais* das palavras do que respeita algum pensamento que possa de fato atravessá-las. Mentira é ação, ocupação, e a ocupação das coisas e desde o espaço da política vai gerar a nova cultura da mentira, com seus novos termos: *novalíngua*.

O exemplo de quem sonha é dramático. Ele encena o terror político cultural frente o espaço social que se torna o peso da máquina de produção fascista. Como o tanque e a belicosidade que tomaram a cultura, o hospital se tornava também máquina de guerra, e o sujeito liberal de alguma personalidade democrática sente a invasão completa de seu espaço subjetivo pelas mesmas formas pesadas. Ele ainda resiste, mas se sabe tomado de assalto pela ordem da violência, que é prática, que ganhou força na cultura e que é sonho.

A resistência pessoal e subjetiva está no limite, na fronteira, contra a transformação do próprio sonho traumatizado, não há como barrar, no sonho e na vida, a transformação do hospital em campo de concentração SA. Antes de ser expulso do espaço da violência, desejo de negá-lo, antes de ser demitido, o sonhador se torna uma *caricatura de um médico*: o movimento da ocupação do mundo e de si mesmo pelo terror é o movimento da desrealização de si próprio. O eu e suas ilusões na ordem liberal se tornam progressivamente irrelevantes, praticamente *de papel*.

O circuito da linguagem do poder se apropriou do espaço público, e vem do todo, do continente das coisas e símbolos, intensamente para dentro do sujeito, que se desestrutura com ele, como um veneno psicoideológico, como *espaço coisa, real,* contra o próprio sonho. Sua mentira é eficaz porque ela é ação real, real poder. Poder de deformar as próprias coisas. Ela mente sobre o hospital, mas também não mente mais, porque o hospital não é mais um hospital, é uma prisão e um campo de violências fascista. Como a cultura. E o sujeito que sonha? Ele não é um fascista enquanto ainda se aterroriza, reconhece a violência e o absurdo, e oscila diante do risco da própria adaptação totalitária.

A subjetividade está sitiada. Pela conversão exigida pela cultura da mentira e da violência, que vem dos horizontes do mundo, o sujeito terá que decidir, entre a verdade da própria negatividade e a conversão à máquina de guerra, agressividade, desprezo e poder. Ele se tornará médico de Hitler? Pela pressão identificatória do todo, e pelo princípio de conservação, seu desejo será esmagado pela força de vida e de morte, o terror da mentira, muito ativas no poder fascista? Ele será convertido ao desejo simbólico do poder, pela ação de mentiras públicas, ameaça concreta e poder de Estado? O sonho faz a pergunta política de raiz. A pergunta do eu diante da identificação com o elemento totalitário do todo.

Nos sonhos, aquele homem na fronteira de toda violência histórica sobre si próprio *jurou que não*. Mas ao fim do sonho, após ser expatriado da cultura do poder, por ainda saber o que é um hospital e o que é uma prisão, ele é convocado, ele precisa se colocar diretamente, frente a frente com Hitler. Há desejo e há trauma nessa relação. É assim que se enfrenta a cultura fascista, de frente e negativamente. Ele terá que olhar para a realidade do poder, porque ela já não é mais recusável, de nenhum modo. O limite trágico e agonístico do fascismo e da subjetividade está colocado aí: ele é o único no mundo que pode salvar Hitler, ou seja, do ponto de vista político, aceitar a sua máquina de violência e de mentira. E como médico, que é o único que pode salvar o ditador, ele é também aquele que pode deixá-lo morrer... Ao converter totalmente a cultura em guerra o fascista exige de cada um uma decisão de vida e morte diante dele próprio.

Este é o maior horror, o paradoxo final de quem vê a vida como violência e desprezo pelo outro: apenas a guerra liquida, ou tranforma, quem faz da vida uma guerra real. Uma guerra com a *forma* do fascismo, que implica negá-lo na raiz e sempre. Uma guerra para fora da Guerra Fria do sonho fascista. Outra formação. O sonho mostra o quanto é difícil este trabalho social em si mesmo.

O sonho do médico alemão não nazista põe em ação no espaço da própria subjetividade aquela tragédia cultural política ridícula de aprisionamento do mundo, vivida e compreendida por Victor Klemperer. "Por quanto tempo ainda haveria vida civil? A Doutrina da guerra total se voltava contra os seus criadores de maneira terrível: tudo é espetáculo bélico, o heroísmo militar pode ser encontrado em qualquer fábrica, em qualquer porão. Crianças, mulheres e idosos morrem a mesma morte heroica, como se estivessem em campo de batalha, com frequência usando o mesmo uniforme desenhado para jovens soldados no front".[4] A vida civil se tornara a norma da vida limite da paixão autoritária, agressiva e bélica. De fato, Hannah Arendt lembrava a degradação odiosa de toda a vida pública europeia em um ar tóxico de desconfiança, e desrespeito generalizado, que, após a catástrofe do mal imperialismo da primeira guerra mundial, tomou a Europa, e preparou o terreno profundo para a ascensão do totalitarismo fascista. E os homens mobilizados, paramentados, uniformizados, invadidos pela estrutura de desejos do próprio mundo do poder não morriam mais ao seu modo, como dizia Freud, no seu grande comentário metapsicológico aos efeitos da primeira guerra mundial sobre todos, mas morriam ao modo *do desejo do poder*. A vida civil tornou-se apenas o inferno de sua própria supressão. E generalização da prática da inimizade. O motorista do tanque de guerra, a agressividade e belicosidade comum, que

---

4. Victor Klemperer, *op. cit.*.

andavam nas ruas e nas cervejarias, o hospital como prisão e a morte em estado de guerra permanente. A morte da cultura, e a morte como cultura.

Charlotte Beradt prossegue na leitura do sonho do médico, paradigmático da degradação subjetiva e incorporação ao poder, *conversão ao poder*, que prossegue sendo sonhado pelo sonhador atormentado: "O médico acordou totalmente acabado, como acontece frequentemente quando se chora em sonho. Durante a madrugada, pensou sobre o sonho e encontrou sua causa premente, também muito esclarecedora para o quadro geral: na véspera, um de seus assistentes fora trabalhar na clínica com um uniforme da SA, e ele, apesar de revoltado, não protestou."

Aí está a invasão e a degradação do espaço civil pelo desejo e pela linguagem, pelo espírito, fascista. O jovem médico nazista, com seu uniforme paramilitar, já ocupa, com acinte e arrogância, certamente desafiador e agressivo, o espaço *neutro*, o espaço social liberal e sua ordem de valores, o espaço da vida médica, que, em teoria, não deveria ser cercado pela política. Não de modo saturado, uniformizado, tendente a transfiguração da vida ao partido, e das relações à luta constante e universal pelo poder. Por quanto tempo ainda haveria vida civil?

Do ponto de vista do fascista, como preconiza a ocupação total do espaço, também o tempo está esgotado: por nenhum tempo mais deve haver vida civil despolitizada da luta total, da política do ódio, que deve ocupar cada hospital. Prossegue Beradt:

Dorme de novo e sonha:
"Estou em um campo de concentração, mas todos os prisioneiros passam muito bem, participando de jantares e assistindo peças

teatrais. Penso que é muito exagerado o que se ouve sobre os campos e então me olho no espelho: uso o uniforme de um médico de campo de concentração e botas altas especiais, que cintilam de tão brilhantes. Encosto-me no arame farpado e começo a chorar de novo."

Esse médico precisa da palavra caricatura para definir a si mesmo – e é isso o que ele é, uma caricatura traçada precisa e friamente por um lápis em seu interior, no esforço de conciliar o inconciliável. No primeiro sonho, ele vê o perigo que existe no silenciar e a relação entre a inação e o crime. No segundo sonho, sob o lema 'Tudo é falso', ele se tornou cúmplice das forças que odeia: sua imagem no espelho contradiz a imagem que ele quer ter de si mesmo, no entanto suas botas altas brilham de forma tentadora. Cheio de vergonha, ele se conduz, em ambos os sonhos, a uma categoria em que não quer estar: ao mesmo tempo realiza, cheio de orgulho, o desejo de ser incluído.

O médico conta ainda que, no primeiro sonho, ele se ocupara obstinadamente da palavra *Stacheldraht* [*arame farpado*] (elemento que desempenha um papel tão proeminente em seus dois sonhos; primeiro ele pensou em *Krachelstaat*, depois em *Drachelstaat* [*palavras inexistentes em alemão, mas que giram ao redor de Staat, ou seja, Estado...*], mas, apesar de toda a desconstrução joycena da palavra, não pensou em *Drachensaat* [*literalmente 'semente de dragão', expressão que significa 'pomo da discordia'; é o 'ovo da serpente' de Bergman*], palavra à qual, segundo ele, queria chegar, para mostrar as perigosas consequências que arames farpados e cacos de vidro poderiam ter para deficientes visuais.

Como se sabe, a história da SA e dos cacos de vidro aconteceu muitos anos depois, em 1938, na Noite dos Cristais. Esse evento contou com detalhes que pareciam ter sido tirados do sonho do ofatalmologista: quando os membros da SA destruíram as vitrines de todas as lojas judaicas, eles também quebraram, no oeste de Berlim, os vidros da pequena loja de um cego, que foi tirado de sua cama e obrigado a caminhar de pijama sobre os cacos. Aqui se vê mais uma vez que esse sonhos se mantinham na esfera do possível, ou melhor, do impossível, que estava prestes a se tornar realidade.[5]

O médico invadido e aterrorizado pelo nazismo em seus próprios sonhos, em uma política da intimidade e do inconsciente, projetava um saber histórico sobre o próprio porvir da coisa fascista. Por que ela é fórmula fixada da história, transfiguração da razão histórica em ordem da natureza, dizia Hannah Arendt, e assim pode ser prevista em detalhes. Como os campos de concentração eram planejamento máximo, em detalhes. Deste modo, Charlotte Beradt conclui, o sonho do médico é um trabalho de *uma memória do futuro*.

Em algum momento entre o ano de 2012 e 2013 sonhei o seguinte sonho, que foi anotado em algum dos apontamentos de meu livro *Ensaio, fragmento*:

"'Dentro de um shopping center havia acabado de ser construído um museu, destes transparentes e modernos. Eu, meio criança, tentava ver, mas não conseguia, *a última obra de arte da moda da época*: um filme de fragmentos de sexo explícito, com cenas entre Mira Schendel e Alexandre Frota.' Por trás do sonho estão: a exposição de uma artista brasileira *blockbuster*, que vi em um novo museu fora do Brasil, onde também vi os pequenos documentários de autoexibição da vida sexual de Tracey Emin."

Naquele momento apenas anotei o sonho e seu motivo imediato. Hoje se trata de ir mais fundo no seu sentido histórico, a sua verdadeira dimensão de *self cultural*.

---

5. Charlotte Berardt, *op. cit.*, p. 79, 80.

Mira Schendel é para mim a força de um impulso criador, que envolvia toda a possibilidade de pensamento de seu tempo, que punha em trabalho de arte as possibilidades rigorosas de uma cultura aberta ao novo, para mim, ao melhor e ao bom. Uma trabalhadora no limite da cultura, nas raízes do sentido e da linguagem, no tempo em que o próprio Brasil era sujeito de tudo, e produzia gente assim.

Uma artista que, ao mesmo tempo em que pesquisa, mantém o cuidado da própria intimidade, o recato e o senso de integração de não ser devassado pela presença da arte no mundo, que não é espetáculo, propaganda ou comércio. Exatamente o oposto de toda ordem de invasão, vulgaridade e exibição presente no sonho da sua violação, na arte espetacular dos shopping centers. Sua obra muito fina, em que traços e fundamentos de letras, palavras, origens visuais do significante, em espaço branco, base, conceito e vazio em um único ato do artista, emergência da letra em silêncio, entre o signo e o espaço, é a delicadeza da força real, de uma cultura que trabalha, enquanto o mundo dorme, ou explode em redundância espetacular ao redor. O sonho ético do moderno em trabalho, e do espaço de resgate como fonte de sentido, e não reprodução do sempre o mesmo. Entre a Suíça, e a Europa despedaçada pelas próprias intensidades e erros, do capitalismo imperialista do século XX e seu desejo de poder e alienação para a catástrofe, destruição, que ela fazia ver como opacidade, o *não brilho* singular de seus primeiros quadros, e o Brasil, que representou terra virgem, não saturada, aberta para as primeiras inscrições no rarefeito, Mira contribuiu para nossa vida com afeto, singeleza e rigor, que ligavam a obra ao gesto, e o gesto à linguagem. Ao mundo. E, também, para mim ela sempre representou o desejo de um momento moderno em que *a Europa se curvou ao Brasil,* o que é também uma fantasia política infantil.

Alexandre Frota, para mim, por sua vez, é o produto acabado de uma subjetividade desde sempre determinada de modo fortemente heterônomo, carregada de preconceitos claros e visíveis, que são ideologia expressa diretamente em seu estado de corpo concreto. Elogio do corpo puro, só corpo, da força sempre disponível para o constrangimento e a agressão, seu destino objetivo na indústria da pornografia nacional é apenas a confirmação do explícito da condensação dos elementos da cultura sem dimensão do mercado total, que se adensaram plenamente nele, em seus músculos, em seu cérebro e seu pau, até se tornar a coisa em si da regressão cultural que representa tão precisamente. Alexandre Frota é um signo cultural tão pornográfico em ação no cinema quanto na ação comum de seu corpo que é pura matéria, sempre disposto à violência e à agressão, quando em simples repouso na cultura mais comum de seu mundo. Cultura de seu corpo em busca do fetiche, que se tornou parte dominante de nosso próprio mundo...

E o sonho, premonitório com os elementos estruturais de nosso fascismo comum, continua na vida, como efetivo dado histórico... Assim, no dia 29 de outubro de 2017, cerca de um ano e meio após a retirada de Dilma Rousseff do poder, Alexandre Frota estava realmente engajado em mais uma atividade do grupo político de nova direita a que aderiu satisfeito durante o processo das manifestações contra o governo da Presidente petista. Agora, diferente do anticomunismo maníaco, delirante e politicamente mentiroso, revivescência arcaica nacional de um passado do pensamento político autoritário que nunca passa, que moveu a facção da direita mais apaixonada, Alexandre Frota e seu grupo estavam atacando outro objeto, novamente de modo histérico e com ameaças de passagem à violência direta: uma *exposição de arte*, uma performance artística, que ocorria em uma temporada, normal e comum, de exposições oficias no Museu de Arte Moderna de São Paulo. Com seu grupo de classe média descomprometido dos destinos da cultura qualificada, dos processos de relação entre arte e crítica e de todos os parâmetros e compromissos operados pela arte contemporânea, Alexandre Frota atacava abertamente *a um artista*, Wagner Shwarz, atacava a instituição que o recebia e atacava os participantes da situação artística e estética proposta pelo artista. O sonho também era *uma memória do futuro*.

O *pit boy*, promotor da cultura comum da briga carioca, de baixa classe média que engajou o corpo na faceta violenta do espírito da competição do mercado, brigava agora *explicitamente* com a arte, com o artista e com o sistema cultural que sustenta arte e educação no mundo. O ator pornô passava ao ato, como dizem os psicanalistas, para de fato destruir e violentar o trabalho do artista. De modo aproximado com alguns conteúdos, explícitos, de meu sonho – de Frota comendo Mira Schendel, e forçando a artista, e seu mundo, para o seu próprio mundo de violência, assim como a própria cultura do consumo do shopping center em que a cena se passa, que é a sua, também o faz – de três anos antes, sonhado mesmo na origem da degradação da cultura política e sua nova violência de direita no Brasil.

Frota, em conjunto com seu grupo violento, ignorante e grosseiro, dava vazão ao novo lance político, à nova posição simbólica para a violência política na cultura, dos grupos que promoveram o impeachment, que de liberais passavam a ativos promotores de violência pública em nome de um difuso e arcaizante conservadorismo, organizado como campo simbólico *antiesquerda*. Após inventarem e celebrarem com rituais públicos o comunista inexistente de 2014 e 2015 na política petista, para um agenciamento do ódio como força política produtora real – de modo que o inimigo é imaginário e efetivamente falso, mas o ódio simples e concreto que constela a paranoia é efetivamente real e produtor de poder – grupos de mobilização social à direita renovavam a sua política reinventando a persecutoriedade e a perseguição. Após muitos e muitos anos de suspensão do direito à intervenção e ao controle da cultura, desde o auge da Ditadura Militar no pós AI-5 de 1968, setores da classe média brasileira autoritária propunham novamente censura à arte, artistas e setores inteiros da vida da democracia brasileira.

O movimento de expansão do autoritarismo ativo e violento pela cultura, em busca de uma nova inimizade fundamental, de um novo inimigo projetado no lugar do monstro – La Bete, era o nome da performance de Wagner Shwarz atacada por Frota e pelos novos *anticomunistas culturais* – era uma saída brilhante para a desmobilização da política do ódio, muito importante na encenação e no engajamento da paixão na política, como um dia disse Fernando Henrique Cardoso tentando animar a direita para este novo tipo de ação. Ela fatalmente deveria esmaecer, perder o objeto fetiche negativo, após a derrubada consumada do último governo petista. O inimigo comunista imaginário, que deu suporte para a política do ódio, da projeção liberada da violência, que já não existia quando das manifestações excitadas do processo do impeachment, ficou existindo ainda menos quando a esquerda democrática – e pró-capital – brasileira foi afastada do governo. A direita do agenciamento do ódio ficava sem objeto para a própria formulação da *forma* de sua política, excitada, paranoica, delirante. Era necessário reinventar o inimigo, reanimar a lógica psicopolítica. Como o capital, o ódio como política *não pode parar de produzir o seu próprio excedente*, a política da inimizade, a invenção do inimigo civilizatório universal.

E a transposição da energia de ódio disponível para o ataque à política, do comunista inexistente para *o artista existente, o promotor cultural existente, o professor de humanidades existente, o filósofo crítico* ou *a filósofa crítica* existentes, apresentava imensa vantagem política efetiva. Ela ligava, produzindo *deslocamento e condensação* na cultura, a política regressiva, herdeira das tenções históricas do século xx e da Guerra Fria, ao mundo contemporâneo. A violência do passado no desejo de violência do presente. Se fixava um modelo banal de realidade social, sempre em crise, como medida trans-histórica das coisas, o fetichismo positivo do homem de direita, que projeta o inimigo em uma entidade viva, que deve fazer o papel do novo inimigo total, o que um dia foi o "comunista", atualizando e projetando, para sempre, a presença da política de ódio na cultura.

Assim, se operava a transmutação significante da *novalíngua*, tendente ao novo fascismo comum, da nova direita brasileira: após a esquerda democrática petista, muito comprometida com os destinos do mercado e do capital brasileiro, se tornar o comunista imaginado dos anos 1950 que punha a civilização em risco – o fetichismo negativo do anticomunista, de fato *anticomunista do nada* brasileiro – artistas e homens de esquerda se tornavam agora *pedófilos*, a filosofia crítica exigente de democracia, da teoria de gênero de uma

Judith Butler, se tornava promoção da perversão infantil e familiar, professores críticos de história, filosofia e ciências sociais se tornavam doutrinadores – como há muito ideólogos baratos populares da política do ódio anti-esquerda e crítica, do tipo Luiz Felipe Pondé, propunham nos jornais – e todas as ações de desejo político que não sejam imediatas com o desejo de alguma força explícita de mercado, empresarial e de capital, se tornavam apenas o amplo e indefinido complô comunista universal, a busca de "hegemonia gramsciana" do novo comunismo *cultural*, nos termos da *novalíngua*, de tendência pervasiva e ilimitada, porque ele era agora simplesmente *tudo aquilo que alguém, que se projeta como um homem de direita, não gosta.*

A política da paranoia, ativada no processo do golpe da democracia, chegava ao limite da sua extensão, recobrindo a cultura com seu afeto e marcando a diferença crítica, trabalho da história ou político como o verdadeiro inimigo, *a face extensa do anticomunismo do nada*, que agora era simplesmente tudo que devia nomear o mundo. Alexandre Frota estuprava simbolicamente todo o mundo que tivesse algum grau de contato, qualquer que fosse, com Mira Schendel...

Novalíngua, sistema geral de erros e mentiras públicas, espetaculares, da extensão do anticomunismo do nada sobre todo o mundo existente. Ignorância satisfeita como política de ação direta, violência, contra qualquer alguém, ou um alguém qualquer. Anticomunismo do nada que se expande para toda a cultura, política e crítica. Ao prazer imediato do desejo do inimigo do dia e da hora. Mais uma vez a direita não poupava ninguém, e ainda menos as palavras. Assim, o muito degradado mentor "filosófico" do movimento ensinava cotidianamente as massas no Youtube, prontas para a ação apaixonada de empastelar exposições de arte, e nas noções absurdas de um Olavo de Carvalho sobre a realidade política e cultural do Brasil dos anos 2010: "No Brasil de hoje tudo é comunismo. Menos a economia".

O ridículo evidente do sistema de conceitos, apenas errados, não é acaso. Ninguém vai checar a máquina de delírio que procura a violência do guru fascista da internet com a história, com mediação e respeito à verdade dos conceitos. Esta política é feita muito longe de qualquer desses valores e ações de sentido, muito longe da subjetivação pelo elemento de verdade na história. O desejo político injeta a guerra em qualquer palavra, em qualquer sistema de signos, já diziam Klemperer e Umberto Eco, em qualquer conceito, retirado do próprio sistema de validação, a ponto de inventar, para o agenciamento do ódio, onipotente, uma *hegemonia cultural comunista...* O que significaria uma cultura de esquerda ativa e dominante no país do Faustão, do Jornal Nacional, da novela das oito, do império do sertanejo industrial, da Veja, do Estado de S. Paulo, da Jovem Pan, da Folha de S. Paulo, de centenas de rádios evangélicas espalhadas por todo o país, muito bem pertencentes às oligarquias político econômicas locais e onde o governo lulopetista ganhava todos os louros do jogo político local por ter encaminhado as massas trabalhadoras ao shopping. Um país em que a esquerda real existente fez verdadeira política do elogio da forma mercadoria, e pacto de sangue com o capital local, quando no poder.

Assim fala a *novalíngua* da extrema direita, apenas mentirosa publicamente e desqualificada conceitualmente, mas quem se importa?: *tudo isso na cultura do império do mercado e seu fetichismo sobre a vida das pessoas é de fato o império cultural do comunismo petista. Hoje no Brasil tudo é comunismo, menos a economia*. Insiste outra vez, e outra vez, o indigitado filósofo, acentuando o acinte da política como política da gestão do absurdo, choque da linguagem contra a linguagem, da mentira de massas contra o pensamento. É até ridículo, para qualquer decoro na ordem do pensamento, termos que nos dedicar à vida da mentira e à grosseria com as noções e ignorância com a história, deste grau de regressão espetacular que fez política no Brasil. Tudo isso seria dispensável, se esta política não fosse realmente *eficaz*. Choque, confusão, absurdo, tomada do poder no grito por antissociais. A política da gestão do absurdo e do acinte chegou ao poder.

Assim, se explica o novo líder da direita anticultural brasileira, em um grande jornal do Brasil, em outubro de 2017, não por acaso como se estivéssemos em 1967, que tenta nos ensinar a nova ordem, *novalíngua*, da cultura da mobilização total da nova direita. Assim ele pode explicitar, com singeleza, e uma espécie de legitimidade cínica ao redor, de todo campo liberal, essa máquina de absurdo das noções e palavras, para a ação de ódio direta, um modo primitivo de produzir poder:

A Revolução Bolchevique, às vésperas de seu centenário, pôs em prática pela primeira vez um método direto e efetivo de tomada do poder pelos comunistas. Em 1917, uma elite dirigente foi a ponta de lança de um movimento que, usando primeiro a força, mais tarde o terror, ditou os rumos da antiga Rússia pelas décadas seguintes, até o regime desmoronar, no início dos anos 90, sob o peso de sua ineficiência, injustiça e isolamento.

Os comunistas aprenderam, com o fracasso da primeira experiência real de socialismo, a como não fazer uma revolução. Hoje em dia está ultrapassado o conceito de uma vanguarda partidária que age em nome do povo.

Em seu lugar, o movimento comunista vem construindo um caminho que, embora sinuoso, leva ao mesmo destino: a ditadura do proletariado exaltada pelo marxismo. Ao contrário dos bolcheviques, que enfrentaram inimigos de peito aberto, os comunistas atuais são sibilinos e ardilosos. Aprenderam com o filósofo italiano Antonio Gramsci a combater o capitalismo pelos flancos mais sensíveis.

Para eles, os valores do regime são protegidos em trincheiras burguesas, que precisam ser neutralizadas. As mais visadas são Judiciário, Forças Armadas, partidos ditos conservadores, aparelho policial, Igreja e, por último mas não menos importante, a família.

Nas últimas semanas assistimos a mais um capítulo dessa revolução tão dissimulada e subliminar quanto insidiosa. Duas exposições de arte estiveram no centro das atenções da mídia ao promoverem o contato de crianças com quadros eróticos e a exibição de um corpo nu, tudo inadequado para a faixa etária.

(…) Se venho a público, expondo-me à patrulha ideológica infiltrada nos meios de comunicação, é para denunciar tais iniciativas como parte de um plano urdido nas esferas mais sofisticadas do esquerdismo – ameaça que, não se enganem é tão mais real quanto elusiva. Exposições são só um exemplo. Há muitos outros: associações de capitalismo e picaretagem na dramartugia da tv; glorificação da bandidagem glamurosa; vitimização do lumpen descamisado das cracolândias; certo discurso politicamente correto nas escolas.

São todos tópicos da mesma cartilha, que visa a hegemonia cultural como meio de chegar ao comunismo. Ante tal estratégia, Lênin e companhia parecem um tanto ingênuos. A imensa maioria dos brasileiros que não compactua com ditaduras de qualquer cor, resta zelar pelos valores de nossas sociedade.[6]

---

6. Do futuro candidato civil da extrema direita, e do movimento de mentira em massa na Internet, MBL, à presidência, Flávio Rocha, "O comunista está nu", Folha de S. Paulo, 20/10/2017, p. 3.

O macarthismo universal do anticomunista do nada brasileiro estava enunciado, e bem presente no mundo da vida. Há muito ele se tornara política consciente.

Sobre os textos

Ordem e violência no Brasil, publicado originalmente em *Bala perdida, a violência policial no Brasil e os desafios para sua superação*, Boitempo, Carta Maior, 2015

Tradição da mentira tradição do ódio, Revista Serrote, IMS, no. 23

Crise e alucinose, anticomunismo do nada, Revista Cult, no. 205

A extrema direita de hoje e o Brasil: modos de usar, Revista Fevereiro, no. 10

Democracia de extermínio? Revista Brasileiros, Página B

O Estado não está sendo favorável à vida no Brasil, Revista Cult, no. 227

Um político preso, um preso político, El País Brasil

Fascismo comum, sonho e história, Revista Peixe-elétrico, no. 8

Os demais textos são publicados aqui pela primeira vez.

COLEÇÃO HEDRA

1. *Iracema*, Alencar
2. *Don Juan*, Molière
3. *Contos indianos*, Mallarmé
4. *Auto da barca do Inferno*, Gil Vicente
5. *Poemas completos de Alberto Caeiro*, Pessoa
6. *Triunfos*, Petrarca
7. *A cidade e as serras*, Eça
8. *O retrato de Dorian Gray*, Wilde
9. *A história trágica do Doutor Fausto*, Marlowe
10. *Os sofrimentos do jovem Werther*, Goethe
11. *Dos novos sistemas na arte*, Maliévitch
12. *Mensagem*, Pessoa
13. *Metamorfoses*, Ovídio
14. *Micromegas e outros contos*, Voltaire
15. *O sobrinho de Rameau*, Diderot
16. *Carta sobre a tolerância*, Locke
17. *Discursos ímpios*, Sade
18. *O príncipe*, Maquiavel
19. *Dao De Jing*, Lao Zi
20. *O fim do ciúme e outros contos*, Proust
21. *Pequenos poemas em prosa*, Baudelaire
22. *Fé e saber*, Hegel
23. *Joana d'Arc*, Michelet
24. *Livro dos mandamentos: 248 preceitos positivos*, Maimônides
25. *O indivíduo, a sociedade e o Estado, e outros ensaios*, Emma Goldman
26. *Eu acuso!*, Zola | *O processo do capitão Dreyfus*, Rui Barbosa
27. *Apologia de Galileu*, Campanella
28. *Sobre verdade e mentira*, Nietzsche
29. *O princípio anarquista e outros ensaios*, Kropotkin
30. *Os sovietes traídos pelos bolcheviques*, Rocker
31. *Poemas*, Byron
32. *Sonetos*, Shakespeare
33. *A vida é sonho*, Calderón
34. *Escritos revolucionários*, Malatesta
35. *Sagas*, Strindberg
36. *O mundo ou tratado da luz*, Descartes
37. *O Ateneu*, Raul Pompeia
38. *Fábula de Polifemo e Galateia e outros poemas*, Góngora
39. *A vênus das peles*, Sacher-Masoch
40. *Escritos sobre arte*, Baudelaire
41. *Cântico dos cânticos*, [Salomão]
42. *Americanismo e fordismo*, Gramsci
43. *O princípio do Estado e outros ensaios*, Bakunin

44. *O gato preto e outros contos*, Poe
45. *História da província Santa Cruz*, Gandavo
46. *Balada dos enforcados e outros poemas*, Villon
47. *Sátiras, fábulas, aforismos e profecias*, Da Vinci
48. *O cego e outros contos*, D.H. Lawrence
49. *Rashômon e outros contos*, Akutagawa
50. *História da anarquia (vol. 1)*, Max Nettlau
51. *Imitação de Cristo*, Tomás de Kempis
52. *O casamento do Céu e do Inferno*, Blake
53. *Cartas a favor da escravidão*, Alencar
54. *Utopia Brasil*, Darcy Ribeiro
55. *Flossie, a Vênus de quinze anos*, [Swinburne]
56. *Teleny, ou o reverso da medalha*, [Wilde et al.]
57. *A filosofia na era trágica dos gregos*, Nietzsche
58. *No coração das trevas*, Conrad
59. *Viagem sentimental*, Sterne
60. *Arcana Cœlestia e Apocalipsis revelata*, Swedenborg
61. *Saga dos Volsungos*, Anônimo do séc. XIII
62. *Um anarquista e outros contos*, Conrad
63. *A monadologia e outros textos*, Leibniz
64. *Cultura estética e liberdade*, Schiller
65. *A pele do lobo e outras peças*, Artur Azevedo
66. *Poesia basca: das origens à Guerra Civil*
67. *Poesia catalã: das origens à Guerra Civil*
68. *Poesia espanhola: das origens à Guerra Civil*
69. *Poesia galega: das origens à Guerra Civil*
70. *O chamado de Cthulhu e outros contos*, H.P. Lovecraft
71. *O pequeno Zacarias, chamado Cinábrio*, E.T.A. Hoffmann
72. *Tratados da terra e gente do Brasil*, Fernão Cardim
73. *Entre camponeses*, Malatesta
74. *O Rabi de Bacherach*, Heine
75. *Bom Crioulo*, Adolfo Caminha
76. *Um gato indiscreto e outros contos*, Saki
77. *Viagem em volta do meu quarto*, Xavier de Maistre
78. *Hawthorne e seus musgos*, Melville
79. *A metamorfose*, Kafka
80. *Ode ao Vento Oeste e outros poemas*, Shelley
81. *Oração aos moços*, Rui Barbosa
82. *Feitiço de amor e outros contos*, Ludwig Tieck
83. *O corno de si próprio e outros contos*, Sade
84. *Investigação sobre o entendimento humano*, Hume
85. *Sobre os sonhos e outros diálogos*, Borges | Osvaldo Ferrari
86. *Sobre a filosofia e outros diálogos*, Borges | Osvaldo Ferrari
87. *Sobre a amizade e outros diálogos*, Borges | Osvaldo Ferrari
88. *A voz dos botequins e outros poemas*, Verlaine

89. *Gente de Hemsö*, Strindberg
90. *Senhorita Júlia e outras peças*, Strindberg
91. *Correspondência*, Goethe | Schiller
92. *Índice das coisas mais notáveis*, Vieira
93. *Tratado descritivo do Brasil em 1587*, Gabriel Soares de Sousa
94. *Poemas da cabana montanhesa*, Saigyō
95. *Autobiografia de uma pulga*, [Stanislas de Rhodes]
96. *A volta do parafuso*, Henry James
97. *Ode sobre a melancolia e outros poemas*, Keats
98. *Teatro de êxtase*, Pessoa
99. *Carmilla — A vampira de Karnstein*, Sheridan Le Fanu
100. *Pensamento político de Maquiavel*, Fichte
101. *Inferno*, Strindberg
102. *Contos clássicos de vampiro*, Byron, Stoker e outros
103. *O primeiro Hamlet*, Shakespeare
104. *Noites egípcias e outros contos*, Púchkin
105. *A carteira de meu tio*, Macedo
106. *O desertor*, Silva Alvarenga
107. *Jerusalém*, Blake
108. *As bacantes*, Eurípides
109. *Emília Galotti*, Lessing
110. *Contos húngaros*, Kosztolányi, Karinthy, Csáth e Krúdy
111. *A sombra de Innsmouth*, H.P. Lovecraft
112. *Viagem aos Estados Unidos*, Tocqueville
113. *Émile e Sophie ou os solitários*, Rousseau
114. *Manifesto comunista*, Marx e Engels
115. *A fábrica de robôs*, Karel Tchápek
116. *Sobre a filosofia e seu método — Parerga e paralipomena (v. II, t. 1)*, Schopenhauer
117. *O novo Epicuro: as delícias do sexo*, Edward Sellon
118. *Revolução e liberdade: cartas de 1845 a 1875*, Bakunin
119. *Sobre a liberdade*, Mill
120. *A velha Izerguil e outros contos*, Górki
121. *Pequeno-burgueses*, Górki
122. *Um sussurro nas trevas*, H.P. Lovecraft
123. *Primeiro livro dos Amores*, Ovídio
124. *Educação e sociologia*, Durkheim
125. *Elixir do pajé — poemas de humor, sátira e escatologia*, Bernardo Guimarães
126. *A nostálgica e outros contos*, Papadiamántis
127. *Lisístrata*, Aristófanes
128. *A cruzada das crianças/ Vidas imaginárias*, Marcel Schwob
129. *O livro de Monelle*, Marcel Schwob
130. *A última folha e outros contos*, O. Henry
131. *Romanceiro cigano*, Lorca

132. *Sobre o riso e a loucura*, [Hipócrates]
133. *Hino a Afrodite e outros poemas*, Safo de Lesbos
134. *Anarquia pela educação*, Élisée Reclus
135. *Ernestine ou o nascimento do amor*, Stendhal
136. *A cor que caiu do espaço*, H.P. Lovecraft
137. *Odisseia*, Homero
138. *O estranho caso do Dr. Jekyll e Mr. Hyde*, Stevenson
139. *História da anarquia (vol. 2)*, Max Nettlau
140. *Eu*, Augusto dos Anjos
141. *Farsa de Inês Pereira*, Gil Vicente
142. *Sobre a ética — Parerga e paralipomena (v. ii, t. ii)*, Schopenhauer
143. *Contos de amor, de loucura e de morte*, Horacio Quiroga
144. *Memórias do subsolo*, Dostoiévski
145. *A arte da guerra*, Maquiavel
146. *O cortiço*, Aluísio Azevedo
147. *Elogio da loucura*, Erasmo de Rotterdam
148. *Oliver Twist*, Dickens
149. *O ladrão honesto e outros contos*, Dostoiévski
150. *O que eu vi, o que nós veremos*, Santos-Dumont
151. *Sobre a utilidade e a desvantagem da história para a vida*, Nietzsche
152. *A conjuração de Catilina*, Salústio

«SÉRIE LARGEPOST»

1. *Dao De Jing*, Lao Zi
2. *Cadernos: Esperança do mundo*, Albert Camus
3. *Cadernos: A desmedida na medida*, Albert Camus
4. *Cadernos: A guerra começou…*, Albert Camus
5. *Escritos sobre literatura*, Sigmund Freud
6. *O destino do erudito*, Fichte
7. *Diários de Adão e Eva*, Mark Twain
8. *Diário de um escritor (1873)*, Dostoiévski

«SÉRIE SEXO»

1. *A vênus das peles*, Sacher-Masoch
2. *O outro lado da moeda*, Oscar Wilde
3. *Poesia Vaginal*, Glauco Mattoso
4. *Perversão: a forma erótica do ódio*, Stoller
5. *A vênus de quinze anos*, [Swinburne]

COLEÇÃO «QUE HORAS SÃO?»

1. *Lulismo, carisma pop e cultura anticrítica*, Tales Ab'Sáber
2. *Crédito à morte*, Anselm Jappe
3. *Universidade, cidade e cidadania*, Franklin Leopoldo e Silva
4. *O quarto poder: uma outra história*, Paulo Henrique Amorim
5. *Dilma Rousseff e o ódio político*, Tales Ab'Sáber
6. *Descobrindo o Islã no Brasil*, Karla Lima

Adverte-se aos curiosos que se imprimiu este livro em nossas oficinas, em 7 de agosto de 2018, em tipologia Libertine, com diversos sofwares livres, entre eles, LuaLaTeX, git & ruby.
(v. e8b31bb)